影癒心事

黃柏威 著

他的電影，你的愛情
心理師陪你走過關係四部曲

目錄

01 自愛與愛人

相愛中，我們學習讓彼此自由

如果你是因為「愛情」或「電影」而買下這本書，我告訴你，你上當了。當你翻開第一章，你會發現這其實是一本教你如何理解自己、陪伴自己的書。

在延畢時候，柏威曾有過一整天沒有開口說話的日子；也曾因圖書館人員詢問簡單借書問題而感動又感慨，因為這是那天唯一一個見到他的人；也曾徘徊在學生輔導中心大門前，猶豫著要不要乾脆不出現，最後鼓起勇氣踏入諮商室，聽見心理師的一句「你這雙球鞋好特別」，使他相信人能被看見、被接納時所帶來的美好。

柏威告訴我：「老師，我出書了，關於電影。」我告訴柏威，我不驚訝，你值得被讀。柏威細細品嘗所有與自己相伴的時光，讓我想起年輕的他寫下的自溺與泅泳之碩論。獨自揮動手腳在水中，是自溺？還是泅泳？獨自沉浸在電影的光影對話中，是自溺還是泅泳？我只知道，柏威獨自一人好好陪伴自己，成就了現在的他。

我喜歡第一篇，「等你喜歡自己時」；我欣賞全書最後一句話，「一步一步，一片一片拼回名為『自己』的模樣。」

柏威說他小時候電影亂看一通，但他最記得《奇蹟》（Miracles,
1989）。他記得善良的小混混即使成了黑幫老大，仍繼續助人，
不忘初衷。這不就是柏威？最記得的名言，來自兒時好友的媽媽、
一位開朗事業有成的職業婦女，她說：「書不用多讀，但電影要
多看。」這不就是柏威？原來柏威是自己的人生導演，一幕幕演
出自己的主題。

書中的電影，我也沒看幾部，你不用全部都看，但你可以好好讀
這本書，因為你選擇買這本書，我相信你喜歡讀書。我翻著每一
頁，各式電影各個角色，每個人物的心情與話語，因著柏威，串
起了要告訴人們的故事，那是一個關於「找自己」的故事，它是
人生之書，不是電影指南。

是的，人生戲中，你是自己的導演。而這本書在你的人生歷程中，
會扮演什麼角色呢？你又會導出什麼戲呢？

**幕後花絮：親愛的柏威，這本書真的在你生日前夕出書了，你為自己送上
最貼心的生日禮物。好個導演啊！**

國立台北教育大學心理與諮商學系教授 台灣阿德勒心理學會理事長

吳毓瑩

手工吊橋

陽明大學的心理諮商中心，又稱為「山腰上的家」。我擔任陽明大學諮商中心主任時，開創「山腰電影院」作為校園「開放式團體」，每週三晚上，不必報名，準時開播，電影結束，心理師帶領觀眾一起導讀電影。從民國 85 年開播以來，每學期 16 部電影，歷經 46 學期，23 年，從未中斷。我是第一個連續 8 個學期的影片設計與導讀人，柏威則是第四任接棒人。這本書的誕生多少跟「山腰電影院」有關。我希望陽明大學這個「週三電影開放團體」，以後可以永遠繼續下去。

電影的迷人在於，除了劇情，還有聲音和影像。大多數人著迷於劇情、劇本，有些人專注在演員的演技，也有不少人鍾情於配樂，少數人專注在運鏡、剪接，或是服裝、化妝、道具。觀影人各取所需、各自滿足。柏威的書，很好地滿足了大多數人。

1895 年 12 月 28 日盧米埃兄弟第一次在巴黎第九區卡普勤大道四號上「大咖啡館」的地下室播放「火車進站」，讓觀眾逃離銀幕，影像魅力與狂熱自此展開。佛洛伊德在同年展開夢的解析，接著在 1896 年發表的論文中，首次使用「心理分析」這個名詞。電影擺盪在寫實與錯覺之間，精神分析認為，夢的解析是通往潛意識

的皇家大道，而好萊塢自 1930 年代起即被稱爲「夢工廠」。精神分析和電影兩者都是以暫時、過渡的狀態存在，有別於外在現實。

作者對於每一部電影寫的文本，如果視爲一座座小山丘，前一個文本山丘與下一個文本山丘之間有一條細緻的「手工吊橋」，連接不同電影所表達的心理概念，讓心理概念藏在文本山丘之間的低谷中，有時深藏在谷底的心理概念，發出潺潺流水聲，醒人耳目，或是突現激流，震人心扉。

柏威的筆觸細膩，深入人心，從電影主角轉入觀眾心裡，從電影情節跨步現實人生，自然流暢生動活潑，是值得細細品味的作品。

陽明大學退休教授、前陽明大學心理諮商中心主任

黃素菲

在電影故事中，重新解構並看見自己

在電影的世界裡，我們看的雖然是別人的故事，感觸的卻是自己的人生。

曾經有研究指出，可以怎樣增進夫妻感情呢？原來是兩個人一起去看電影，並且在觀影後花一些時間討論彼此的看法。透過別人的故事，能讓我們用一種間接、安全的方式來抒發與表達自我的內心世界。

電影藝術的存在，對人們的心理覺察可說是功不可沒。問題來了，電影是一種具有深度的藝術，裡頭可能涵蓋許多我們在意識中無法細細咀嚼的深意，因此如何看電影看出「開悟感」，就變成身為心理學家的我們，所關注的一件事情了。

我初入心理諮商領域時，柏威就是我的同班同學。所以從很多很多年以前，我就知道他愛電影成痴，畢業多年後，我在某校擔任輔導主任，當時他在許多單位擔任電影講座的帶領者，已經非常有名氣了。當時我邀請他到自己任職的學校來帶領電影講座，這

才發現，原來昔日同窗一談起電影裡頭的心理學，是這樣滔滔不絕而充滿魅力。身為老朋友，實在也感到相當佩服呀！

聽到柏威要將他多年的經驗集結成書，當我細細的閱讀裡頭的文字之後，深刻感受到，柏威用他一貫的溫柔與深度，陪伴我們從這些電影故事中，學習重新解構、看見與接納，那些也許曾被忽略、但卻那麼真實存在的自己。

諮商心理師
許皓宜

遇見電影，遇見我們自己

「我看不到，我什麼也看不到。」

《藍色大門》的開場是一片黑幕，先傳來的是桂綸鎂說的這句台詞，原來她正閉眼想像自己的未來，但心裡的風景，仍是荒蕪漆黑。

現在認識我的人，大概很難想像，我大學主修的是財務金融，但當時的自己，可是一點懷疑也沒有，甚至以為眼前是條康莊大道，卻沒想到唸了之後，總是提不起勁，成績一塌糊塗，常常都在二一邊緣掙扎。看到同學認真思考準備未來的模樣，其實自己內心很焦慮，而《藍色大門》的這句台詞，說的也是自己的徬徨心事：我不知道自己是誰，也不知道未來要走向哪裡？

或許一直以來，我總聽著旁人敲打的鼓聲前進，但卻沒好好聽過自己心裡的聲音。

那時常一個人窩在圖書館的視聽室，翻弄著一片片的光碟，躲進一部一部的電影裡，在那裡哭、在那裡笑，當時總以為那是自己的逃避，但現在想起來，還好有這些電影，在看不見未來的日子裡，陪伴了自己，讓心裡的不安，好像還有一個安放的地方。

當時完全沒想到，幾年之後我竟成了心理師，能透過諮商與對話幫助個案覺察與改變。一轉眼，執業也已超過十年，現在的我，有了治療的知識與技術，但始終沒忘記，在那之前，療癒自己的是大銀幕裡的光影。

而我想帶著這樣的經驗繼續走下去，這幾年的工作中，一直希望能透過心理師的眼光，挖掘電影故事當中更深刻的情感，進而帶來更多的覺察與同理，甚至將劇中角色的行動，轉化成一幅安撫自我、給予勇氣的圖像，讓電影不只是別人的故事，也是我們與自己相遇的方式。

於是我成了別人口中「那個愛說電影的心理師」，在陽明大學心理諮商中心帶領電影賞析討論，在學校、社區、咖啡廳、教會、機構、企業裡談著電影故事帶來的覺察與療癒。對那個看不見未來的男孩來說，更沒想到的是，有一天自己會寫一本書，裡頭結合了電影與心理，說著情愛路上的點點滴滴，說著關係裡的隱微心事。

但如李宗盛的著名歌詞「情愛裡無智者」所言，誰能像全能的智者，知曉所有的幽暗與不明？慶幸的是，我們並不是唯一一個面臨此情境而不知所措的人，更慶幸總有這些電影，讓我們能在黑暗中乘著這些光影前行，在故事裡，一步一步與自己靠近。

而所有的療癒，都是這樣開始的。

自愛與愛人

一個不會愛自己的人，
其實也是一個難以愛人之人。
肯定自己的優點，接納自己的缺點，
好好地認識自己，
你才能好好地認識他人。

等你
喜歡自己的時候，
再來找我吧！

《波西米亞狂想曲》
Bohemian Rhapsody,2018

雖不是皇后合唱團（Queen）的死忠歌迷，但在《波西米亞狂想曲》（Bohemian Rhapsody）中，看見他們在 Live Aid 的演出，還是看得熱淚盈眶。

樂團主唱佛萊迪（Freddie Mercury）無疑是搖滾樂史上最傳奇的表演者，而男主角雷米‧馬力克（Rami Malek）的演出也是驚人，要駕馭這個角色絕非易事，但他徹底令人信服。

想說說電影裡佛萊迪與其最後戀人吉姆（Jim Hutton）的互動，雖然故事與真實世界有所出入，吉姆在片中是服務生，但真實世界裡是理髮師，而兩人並非如電影所演，是在派對上相識，他們初次見面是在一間夜店裡。電影裡的對話也可能是虛構情節。不過電影是想藉這段關係來呈現佛萊迪的改變吧！而我也認為電影中吉姆對佛萊迪說的這句話，其實表達著人際、親密關係中的一個重要議題，那就是「自我接納」。

電影裡，一晚在自家縱情狂歡的派對結束後，佛萊迪伸手摸了派對服務生吉姆的臀部，也許過去很少人會拒絕搖滾巨星的調情，或是當下指正對方的性騷擾，但吉姆不一樣，他氣憤又堅定地表達出自己的不舒服，這也讓佛萊迪為自己的輕佻感到抱歉，為了致歉，他請吉姆喝酒聊天，吉姆答應了，兩人在沙發上聊了一晚，氣氛愉悅，甚至也互吐好感。

天亮了，當吉姆準備離去之際，佛萊迪想再約他聚聚，但他笑著對佛萊迪說：「等你喜歡自己的時候，再來找我吧！」

我很喜歡吉姆的表達，一來它說明吉姆能看出佛萊迪浮華外表下的真相，意味著他有能力碰觸到佛萊迪的內心，他看見對方心裡的黑洞，但同時他也清楚知道一件事——那黑洞，不是愛情能夠填補的。

二來，這話也表達出吉姆對自己想要的愛情有清楚的認識，他能說出自己對佛萊迪的好感，但他也能設立界線，就算知道彼此互相喜歡，可是要在一起，不是只靠彼此喜歡就行，若一個人不喜歡自己，就算你再喜歡他，那他也不會是適合戀愛、或是經營關係的對象。他知道，他要愛的人，是一個能夠喜歡自己的人。

或許對吉姆而言，要進入愛情關係的條件是對方「喜歡自己」的程度，或者，我們也可說是「自我接納」的程度。

對你來說？這也是重要的條件嗎？我真心鼓勵你有吉姆這般的堅定，不要輕易放掉這條件。

人都有渴望被他人喜歡、被愛的需求。但**一個人若不喜歡自己，容易用扭曲的方式來滿足自己被愛的需求，像是把自我價值完全建立在他人的言語或行為互動上：他對我好，那我就好，他對我不好，我就不好。一個不喜歡自己的人，在關係中，容易對對方有過度不切實際的幻想與期待，將對方視為拯救自我生命的救贖者，更甚者，他會習慣一次又一次掉落深淵，藉此考驗著對方的耐性與毅力，來證明自己是個值得被愛的人。**

而你只能不停地拉他，拉到有一天，你發現自己受不了了，於是
這段關係也走不下去，這關係不是滋養彼此的愛情，它只是一座
讓彼此受困的監牢，它是耗損彼此的惡性循環。

愛情，可以當成生命的救贖嗎？「因爲自己很糟糕，所以需要愛
情來拯救」，我覺得這是很可怕的觀念。愛情很棒，它是生活的
潤滑劑，它帶來快樂歡愉、也可能會有幸福與平靜。但把愛情當
做救贖超有風險，因爲救贖是神的工作，不是人的工作。和你談
戀愛的不是神，而是人，若你希望透過愛情得到救贖，對情人來
說是很不公平，因爲你把對方拿來與神相比了。

你會喜歡自己的另一半把你當作神、或是與神相提並論嗎？當然，
開玩笑式的除外。但若有一個人內心眞的想把自己當成對方的神，
對我來說，是有著恐怖情人的傾向呀！**關於恐怖情人的特徵，其
中很重要的一個特徵就是掌控慾，他想要控制另一半的行爲、想
法，在關係中，一切都要以自己的心思意念爲主，難以接受對方
有自己的決定與感受**。從我諮商工作的經驗中，常感覺這背後反
映了一種姿態：他把自己當成了對方的神，視自己爲對方生命的
救贖者。

但我們不可能是眞正的全能神，我們根本無法解決對方所有的問
題，而當被拯救者表現出與自己不同的意見時，我們更不是慈愛
憐憫的上帝，我們只是會抱怨、會計較、想著自己明明已經爲對
方付出這麼多，但對方竟然還會背叛我的平凡之人。**在關係中，
把自己視爲對方的神，很難建立眞實平等的親密關係，同樣的，**

把對方當神也是。

而這就是不喜歡自己的風險,當你難以自我接納,很多時候,你就會不自覺地在關係中把對方推向神的寶座,但請記得,對方未必想坐上去啊!

「讓上帝的歸上帝,凱撒的歸凱撒吧!」聖經裡有此名言。在關係中,我們也要學習「讓上帝的歸上帝,情人的歸情人吧!」你無須做為、甚至你也無法成為對方生命的終極救贖者,同樣地,對方也無須成為拯救你的人,這早已遠遠超過他的能力所及。

讓上帝的歸上帝吧!讓你自己、讓對方好好當個情人即可!成為能夠彼此扶持、關心鼓勵、接納彼此真實樣貌、願意攜手面對問題、解決問題的好夥伴。

吉姆喜歡佛萊迪,但他知道自己無法填補佛萊迪心裡的黑洞,他知道自己不是上帝,他也沒有要假裝自己是,他只想當一個好情人,他需要佛萊迪也是,而那得等佛萊迪懂得愛自己、喜歡自己開始。

心理學家佛洛姆(Erich Fromm)在其著作《愛的藝術》(The Art of Loving)一書中,曾提到愛是一種能力,而這能力不會因對象有所分別。意思是你們的關係好不好,不會因為對方是林志玲或蔡依林、是金城武還是孔劉而有所差別,你們的關係好不好,在於你有沒有愛的能力。

佛洛姆也提到「自愛」的重要，他把「自己」也視爲愛的對象之一，因此他認爲**一個不會愛自己的人，其實也是一個難以愛人之人，因爲那都反映著他欠缺愛的能力。**愛是能力，而非對象。它邀請我們把目光轉向自己的付出與參與，而不要只看對方的美麗與殘缺。當然，它可能會觸碰我們對於失能的挫敗感，但不需絕望的是，它也把決定與改變的權力留到了我們手上。

關於愛人的功課，就從好好愛自己開始。

皇后合唱團有首名曲《Somebody to love》，歌曲收尾時，佛萊迪不停這麼唱著：「Can anybody find me / Somebody to love」（有沒有人能幫我，找個人來愛？）

或許，這問題也在你心裡問著。

「等你喜歡自己的時候，再來找我吧！」《波西米亞狂想曲》送給我們這答案。

自我接納，已經有點像是心理師的老生常談。不過在諮商經驗中，還是會感覺許多個案對接納自己表現抗拒。其中有一原因，是把自我接納當成一種自我催眠，擔心一旦接納自己，就會落入「自我感覺良好」的假象裡。

但對我來說「自我接納」與「自我感覺良好」兩者完全不同：「自我感覺良好」是麻痺的，但「自我接納」是清醒的；「自我感覺

良好」是逃避負面的感受，但「自我接納」是承擔負面的感受；「自我感覺良好」帶來的是停滯，「自我接納」卻是帶來成長。

自我接納，像是告訴自己說：對，我不一定滿意這裡，但我很清楚我人就在這裡，我不在其他地方；**自我接納，是感受到自己的腳真實地踏在此地，然後深刻感知自己得從此地出發。**我會跟個案說，如果我們學會接納自己，此時此刻就成了腳下穩固的基點，我們才能踏穩出發。否則不論怎麼走，我們都是搖搖晃晃的。

就連妳
也值得更好的吧!

《淑女鳥》
Lady Bird, 2017

前文提到電影《波西米亞狂想曲》中，樂團主唱主唱佛萊迪與戀人吉姆的互動片段，來談「自我接納」這件事。

關於「自我接納」的主題，我想談談另部自己很喜歡的電影，由好萊塢新一代才女葛莉塔‧潔薇（Greta Gerwig）執導的《淑女鳥》（Lady Bird）。巧合的是，兩片的主角都不愛自己的本名，若問他們是誰，他們說的總是另個名字。

佛萊迪的原名其實是法魯克（Farrokh Bulsara），但他從學生時代起就自稱為佛萊迪‧墨裘瑞，甚至電影裡演到樂團成員們還是到佛萊迪老家時，才知原來那不是他的本名，佛萊迪的父親甚至還因此生氣地指責他拋棄自己的出身。而《淑女鳥》的主角克莉絲汀（Christine McPherson）也不喜歡自己的名字，她不僅自稱「淑女鳥」（Lady Bird），就連文件上的簽名也是如此。

我們就用她的名字說說她的故事吧！「淑女鳥」出生美國加州的沙加緬度市，在她眼中，這是全世界最無趣的地方，而她唸的學校也是。高三的她，唸的是保守的天主教女校，日復一日必要參加的宗教儀式，對她來說了無生氣。面對無聊的校園生活，她盡是抱怨與嘲諷，甚至還把教會視為耶穌身體的聖餅，拿來當成零嘴一口接一口地吃，這行為夠表達出她的不滿了。

「淑女鳥」也不喜歡自己的家，每早父親開車載她上學，但她總要父親提早一個路口放她下車，因為她不想讓同學知道她的家境寒酸。甚至她曾為了面子，指著路上的豪宅，騙同學說那是她家，

後來因此鬧出笑話。她與家人的關係很差，母親與哥哥都認爲她瞧不起這個家，又覺得她好高驚遠，因此對她也是充滿情緒，講話時常有口角。看這家人的互動，會覺得這裡不像溫暖的港灣，反而像個殺戮戰場。

不想稱呼自己的本名，對女主角來說，是一種與不愛的原生家庭做出切割的象徵意義，而「淑女鳥」一名，也說著她想飛的渴望，她想跳脫自己被束縛的命運，創造自己想要的人生。但要如何擁有一雙可以飛翔的翅膀呢？她想到的方法是：到紐約唸大學、交到家境富裕的男友。總之，對「淑女鳥」來說，想要幸福與快樂的唯一辦法，得先離開這個鬼地方才行。

渴望過著更好的生活，是正面積極之事，也是人類社會進步的動力。但「淑女鳥」叫人擔心的一點，是她用了「自我否定」的姿態來追求更好的生活。像是她否定自己的原生家庭、否定自己的成長經驗、否定自己的家鄉等等，也許她覺得那些都是她所厭惡的一切，離它們越遠越好。

然而，她所厭惡的一切，其實也造就了她的一切。如果她一直用否定的態度來切割它們，到頭來就是與自己的生命切割，她會失去自己，這隻鳥會像沒有歸屬的鳥兒，不停在天上飛，卻找不到歇腳與安息的地方。

電影裡她爲了跟那些帥哥美女同學來往，刻意隱瞞自己的窮酸家世、刻意討好對方、或是冷落最懂自己但長得不漂亮的好友等等

行為，都反映著她為了得到外在肯定而失去自我的模樣，而那正是一種與自我疏離的面貌。

與自我疏離，其實是一種非自我接納的狀態。**當我們不易自我接納，總覺得自己不如人、沒有價值的時候，我們在關係中會容易忽略自我的真實感受，變得容易配合對方、甚至會去順應對方的期待，以對方的價值與感受作為自己行事的依據標準**，但這依舊是惡性循環，它不僅不會提升我們的自我價值，反而更是告訴自己：對，你就是這麼糟糕，你的感受、想法一點都不重要。如此一來，對方也不會尊重你、珍惜重視你的感受，這樣的關係不會為你帶來益處，反而是更多的傷害與不堪。

反映在電影裡，最明顯的一幕就是學校畢業舞會的那晚，平時身著樸素的「淑女鳥」，難得穿得一身漂亮，如此盛裝打扮連家人都眼睛一亮。興奮的她，坐在客廳沙發上，滿心期待地等待男伴開車來接。

我們看過許多美國青春電影裡都有類似場景，高中畢業舞會那晚，男孩開車到女孩家，進了家門，在客廳與女孩家人寒暄問候，忽然眾人的目光移向家中的樓梯，接下來的片段，彷彿時間靜止一般，女孩用著慢動作緩緩下樓，而這時的男孩就像是第一次見到這女孩似的，眼裡充滿光芒。說來老梗至極，但相較《淑女鳥》的情節，你就會發現至少在這些老梗裡，男孩們還有對情人的尊重與在意。

在《淑女鳥》裡呢？這男孩根本沒下車呀！他開車到「淑女鳥」家外，但連下車都沒，不願進對方家門、不想與對方家人互動，不願參與上述女孩們經典現身的時刻、不願陪伴對方走出家門、跟對方家人好好說聲再見，只在車裡按著幾聲喇叭，示意要女孩自己出來。

對「淑女鳥」而言，這是意義非凡的一晚，但男伴的表現絲毫未展現出對「淑女鳥」的重視與體貼，如此隨便與不尊重的態度，讓女孩爸爸與哥哥都有些傻眼，爸爸對她說：「妳該不會要和坐在車裡按喇叭的男人出去？」她回答：「恐怕是的。」

這時她哥在一旁補上一句：「就連妳也值得更好的吧！」雖然平時互動酸言酸語，但在這個時刻，他並沒有忘記妹妹也是一個值得被好好珍惜的人，她值得被好好尊重與對待。

女孩雖然失望，但也只能苦笑地自己走出家門，上了男孩的車。當下的她，選擇忽略自己的感受，選擇配合對方。沒想到上車後，才發現車內還有男孩的其他朋友，甚至出發後，才發現男孩根本沒要帶她去舞會，直到那一刻，她決定脫隊下車。

我想那一刻，她領悟了些什麼。或許是她真的看清男孩並非所託之人，也或許是哥哥的那句話，喚起她對自己的重視，邀請她回應著自己內心的真實感受。

「淑女鳥」以為幸福與快樂，是建立在外在的事物上，就像街上

那間她夢寐以求的美屋，只要她住進去，好事就會來臨。但電影一步一步帶我們拆解這些虛幻華美的事物，讓我們發現原來它們一點也不堅固。「淑女鳥」不會因為交了男友而更快樂，因為那個帥哥只活在自己的世界裡，完全不懂照顧別人；「淑女鳥」也不會因為到了紐約，就變成不同的人。

後來她如願到了紐約念大學，但心裡不快樂的她，到那裡其實都未必會快樂起來。在紐約遇到的男子依舊高高在上，連沙加緬度都沒聽過的對方，更象徵一種與家鄉、與自我的疏離。過去的她，奮力想逃離家鄉，但現在的「淑女鳥」，卻是因為有人不識家鄉，有了不耐與惆悵。

片中最動人之處，是「淑女鳥」在紐約醒來的一天，那是週日的早晨，在陌生大街上不知要走向何方的她，最後竟走進了一間天主教堂，那可是她在家鄉時最不想去的地方呀！而她現在看著裡頭的人們唱歌，聽著聽著眼淚不停落下。過去她最想逃開的事物，如今成了她的安慰與力量。

那眼淚，是鄉愁，也是她與家鄉、與自己生命經驗的和解。她再也不怕跟人說出自己的本名，她叫做克莉絲汀，過去那是讓她覺得丟臉的名字，但現在她承認那是自己的一部分，成了一種自我接納的象徵。雖然未來的路，仍不知要走向何方，但她不再是沒有歸途的飛鳥，她已找回自己的來時路，而那是讓人勇敢去飛的最大力量了。

如果你也像隻沒有歸巢的飛鳥，飛呀飛地，卻找不到棲息之處。或許，是時候停下腳步，好好來看看自己的來時路，也許那裡有你厭惡的一切，但別忘記，那也是你之所以會是你的一切。雖然那可能是塊貧瘠之地，也許它有點奇形怪狀，但它也用力擠出養分，化身為你的一部分，它需要你看見它，需要你把它放在心裡某個重要的地方。

有一種自我接納，是把那些你想切割與否認的自己，好好地放在心底。

自我接納，並不是要強迫自己去喜歡發生在自身上的所有經驗。面對許多傷人的經驗，我們需要練習保持適當距離與設立健康的界線，來確保自己不再受傷。但很多人會把保持距離、設立界線與切割否認劃上等號，不過對我來說，這是完全不同的事。

保持適當距離、或設立界線都是問題解決的策略之一，它並未忽略或否定那些負面經驗的影響，相反的，它承認且正視著困難的存在。但切割與否認的背後，卻反映出逃避的態度，於是越是切割與否認，越有可能帶來更多的失落與空虛，結果我們反而需要花更多的力氣去填補那些空虛失落，到頭來，自己耗盡心力，疲憊不已。

自我接納，是用一種不否認、不切割的方式，持續練習找到方法與它們共處。練習去接納那個「不喜歡的自己」也是自己身上不可分割的一部分，而人生說來最弔詭、也最驚奇的地方就是，你

以爲和那個不喜歡的自己共處會帶來更多傷害，於是你想要切割它、否定它，但沒想到，接受它才能爲你帶來更多力量與成長。

每次聽到個案投入在長期不對等、不被尊重、且持續帶來受傷感受的親密關係裡時，心裡常想起「淑女鳥」哥哥所說的話。雖然這話有著嘲諷意味，也反映出兩人平時的緊張關係，但它仍點出一個重點，就是不論我們平常關係如何，但你不值得這樣被對待，在愛情裡你值得更好的對象。

這並非要你自視甚高，要你覺得自己有多了不起，不不！它只是要讓你知道在愛情中，你無須看輕自己，良好的關係需要建立在平等與尊重的基礎上。

來尋求諮商的個案，很多時候對自己有過低的自我評價，總覺得自己不夠好，對自我價值有所懷疑，這當然可能會對生活產生困擾，但這現象說來其實也不奇怪，每個人若認真檢視自我，多少都有點自卑情結，它就是需要我們花心力去處理，是我們每個人都要面對的人生課題，也無需過度緊張。

對我來說，較爲棘手與辛苦的地方，是當人想用愛情來處理自卑的時候，因爲那實在太容易把自己陷在死胡同裡。

在談戀愛時，我們會覺得自己的價值有所提升，會覺得自己是被愛之人。但眞實愛情的關係不會只有相愛無事的時候，眞實的關係會有衝突與挑戰，兩人如何面對衝突與挑戰，反而才是關係能

否維繫的關鍵。

但當你容易自我懷疑，不認為自己有價值，在關係裡頭就可能會將內在對自我的懷疑投射在對方身上，認為對方一定也不喜歡自己。如此一來，容易對對方的一言一行做過度負面解讀，對於衝突與挑戰，也容易視為是對方不愛自己的表現，於是越來越不安。結果讓自己在關係中變得好累好累，然而對方也是，在無盡的懷疑與證明裡，再多的感覺也會消磨殆盡。

另一種情況，我們的自卑，也可能讓我們在面對關係衝突之時，總是用委屈自我的方式來配合對方。確實，**健康的關係需要兩人互相配合與妥協，但重點是「互相」，而非「配合」，因為「互相」，才會對關係有所滋養，只有「配合」，往往到最後只是耗竭。**但自卑容易讓人一次又一次用委屈來配合，而那些對你而言重要的事物，也就一點一點從關係中流失。

「你是誰？」在這樣的關係裡，你發現自己越來越說不出答案。因為你放掉了那些自己覺得重要的東西了，你讓別人來決定，哪些才是對你重要的。於是我們把自己的價值交在別人的手上，由別人來決定，他對我好，我就好，他對我不好，我就是糟糕的。

就像畢業舞會那晚的「淑女鳥」，她放下自己的「滿心期待」，跟著一個對此感受視之無物的男孩上車，叫旁人看了都為她心疼。

也許要你真心喜歡自己，還有點困難，但「就連妳也值得更好的

吧！」這話，我們可以記在心裡，試著對自己這麼說，提醒自己，「就算是我，仍是一個值得被愛之人」，**「就算是我，我的感受也要被自己好好珍惜。」**

「你值得更好的。」後來我常跟個案這麼說。而我發現這時候，他們常常為自己流下眼淚。

未來關係要怎麼走，我們再討論，但總要先從疼惜自己開始。

我要你
無助, 柔弱, 開放

《霓裳魅影》
Phantom Thread,2017

「見了他，她變得很低很低，低到塵埃裡。但她的心裡是喜歡的，從塵埃裡開出花來。」張愛玲曾這樣敘述愛情。一直覺得這段文字，把人在愛情裡的脆弱、自我懷疑說的貼切，在喜歡的人面前，我們彷彿丟了自信，總覺得跟對方相比，自己不夠好，自我價值變低了一些。英倫搖滾天團電台司令（Radiohead）的著名情歌《Creep》，也有描述這種類似的心情，唱出在愛人面前自我的不堪與渺小模樣。歌詞寫道：「You're so fucking special / but i'm a creep. I'm a weirdo.」（妳是多麼特別，但我只是個討厭鬼、是個怪胎）

愛情好像就有一種力量，叫人「向下沉淪」。它硬是要你從自尊寶座上走下來，提醒你，你僅是血肉之軀的平凡之人，面對愛情，你也只能脫下王冠，向它臣服。

用「向下沉淪」一詞來形容，聽來有點負面，但這種「向下沉淪」有時未必不好，甚至我覺得這是在關係中避免陷入過度自我中心與自我感覺良好的一種心理機制。它可以讓人變得柔軟、開放、更容易與他人連結，雖然自我像是低到塵埃裡，但「她的心裡是喜歡的，從塵埃裡開出花來」。這種心情雖然忐忑，但心底仍是歡喜，雖然自己很低很低，但那樣的心田，仍是豐沃的土壤，是充滿生機、孕育生命的地方。

《霓裳魅影》（Phantom Thread）裡的男主角雷諾的改變，或許可以說明這種「向下沉淪」的模樣。電影背景在五〇年代的倫敦，雷諾是全球知名的服裝設計師，專為政商名媛、皇室成員服務，

他打造的美麗華服，爲穿上的客戶們帶來光彩與自信，但若妳是他的親密伴侶，感受可就大不同了。在關係中，他的高傲與自我中心，帶給每任女友的盡是貶抑與傷害。她們只能委屈自己來配合雷諾的需要，可是若想要反過來，請求雷諾來尊重自己被忽略的感受時，很抱歉，雷諾的心硬得跟石頭一樣，女友的下場就是等著「被分手」而已。

在愛情裡，他是至尊的王者，女友彷彿只是服侍他的婢女。

然而這種失衡的互動關係，並無法爲他帶來幸福，他與情人之間有種遙遠距離，他內心需要她人撫慰的孤獨，也沒有人能眞正靠近。

直到他與女主角艾瑪交往、結婚，他過往的高傲姿態才有所鬆動。雖然艾瑪不是出身名門貴族，但她和過去雷諾的女友不同，她從不是退縮順從的女孩，當她受委屈的時候，她會勇敢表達立場，讓對方清楚知道自己的態度。

一次艾瑪在試穿雷諾設計的禮服時，直言說出心中的感受：「我不喜歡這布料」，但身爲大設計師的雷諾聽到女友這麼說，反應有些不悅，甚至語帶嘲諷地說：「也許有一天您的品味會改變。」

「也許我喜歡自己的品味。」艾瑪不甘示弱地回應。即便在大師面前，她也不畏懼去捍衛自己的眼光與感受。

有次歐洲皇室公主前來拜訪雷諾，在沒人替艾瑪介紹的情況下，艾瑪主動走向公主，並向她表明自己是雷諾女友的身分，或許這種高調行為，不見得每個人都會認同，但從某方面來說，這也顯示她的內心有個尊貴自我，她知道自己值得更好的，當她被輕看的時候，她能捍衛自己的價值、無懼地為自己發聲。

甚至在與雷諾的關係裡頭，她會踩著對方的痛處，要雷諾非得轉頭正視她的需求不可。而她最狠的一招，就是偷偷在食物裡下毒，讓雷諾生病而變得脆弱，因為生病脆弱時的雷諾變得溫柔可親多了，這時的他，終於不是關係中的暴君，而艾瑪也不再是被看低的婢女，此時的兩人，才真正像是互相照顧、溫柔相待的伴侶。

當然，「下毒」行為聽來恐怖，在現實生活中也不可取。但當我們試圖去理解艾瑪的動機時，或許也能給出一點同理，因為要和極度自我中心的雷諾交往，這何嘗不是艾瑪追求理想關係的生存之道，這是她軟化雷諾有如硬石之心的方法。她的「下毒」彷彿一種轉化儀式，透過這轉化，讓雷諾走下自我中心的神壇，使他願意移動腳步，更靠近艾瑪一點。

起初，雷諾並不知道自己生病的原因是因為艾瑪的下毒，直到他又變回過去高傲固執的模樣，兩人關係再次緊張起來，面對雷諾的冷漠與自大，這回艾瑪不再迴避，她也不怕讓雷諾看見，甚至就是故意讓他看見，她切下毒菇摻在食物裡頭，她要再次「下毒」，企圖讓雷諾變得虛弱。

她將食物端上桌，對雷諾說：「我要你無助、柔弱、開放，只有我能幫助你，然後你會再次堅強」。艾瑪的話清楚表達著「下毒」所代表的轉化意義，說著她需要雷諾「變身」的需求。

一切都看著眼裡的雷諾，明知眼前是有毒的食物，但他仍一口一口吞進肚子裡。我想正是因為他看見了艾瑪的「下毒」，但他看見的不只如此，他看見這行為背後的意義，那反映著艾瑪對親密關係的深切渴求，也再次意識到自己的剛硬之心，帶給妻子多大的孤單與疏離。

而現在的他，願意卸下自己的高傲，來回應親密伴侶的需要，他主動吃下有毒的食物，這象徵著他有意識地做了自我轉化，讓自己「向下沉淪」來貼近對方的感受。

我想這是種良性的「向下沉淪」，它能鬆動人們的僵固自我，讓人變得謙卑溫柔，用更同理的姿態與對方互動。

在現實生活裡，我們不需真用「下毒」、傷害他人來改善關係，但我們可以把「下毒」當成一種由高傲轉為謙和、由封閉轉為開放、由自我中心轉為連結彼此的象徵。

當我們在關係裡的自我變得頑固不靈的時候，記得端出這道毒菇料理，轉化我們的高傲，否則我們難以建立親密。

但我們仍要小心區辦，愛情裡惡性的「向下沉淪」，它是讓人越

愛越看不見自己的。對方的已讀不回、不讀不回，成了囚禁自我的監牢，關係中的不安全感令我們懷疑自己的價值，於是你的姿態可能越來越低、低到連你自己都看不清楚自己，低到對方也忘記了你的需要，低到你一點都不快樂，你的心失去了歡喜，它成了一片貧瘠之地，萬物無法在上頭生長，也沒有花朵能在這裡綻放。

惡性的「向下沉淪」，它把你的自我價值建立在對方的回應上，而良性的「向下沉淪」對我來說，它只是馴服你的驕傲，使你願意與人靠近，讓你有建立親密連結的能力。

如果你在關係中常覺得沒有自信、缺乏安全感，或許你可以問問自己是上述兩者的哪一種情況。如果像是良性的「向下沉淪」，那我覺得無須過度擔心，它像是一種善意的提醒，你需要做的，是練習讓自己更貼近對方，讓自己更有愛人的能力；如果是惡性的「向下沉淪」，那你必須抵抗這股拉低你的力量，你需要去挑戰那些質疑你自己的聲音，**你不是這段關係中的次等公民，你需要與對方站在同一高度，當你站在同一高度，很多時候，你會知道如何溝通，你會知道如何回應。**並且記得——你的價值，不是由對方的回應決定，你是誰，唯有你的行為才能說明。

在愛情面前，我們可以俯伏稱臣，但若眼前站的是對方，一個跟我們一樣的平凡之人，我們就要多想想了！

單身，
難道就不是人嗎？

《單身動物園》
Lobster,2015

「人單獨生活不好，我要爲他造一個合適的伴侶來幫助他。」（創世記 2：18）古老的神話，似乎深烙在人們心底，成了許多人一生的追求，追求愛、親密關係和一個適合自己的伴侶。

電影《單身動物園》（Lobster）像是把這句「人單獨生活不好」推到了極致，它打造一個單身有害的世界，在這世界裡，不容許單身者的存在。若你不幸單身了，會有專車將你送到「飯店」，而「飯店」的功能就是幫單身者「造一個適合的伴侶」，用流行的話說，就是「脫單」。

但這「脫單」的過程，可是充滿壓力，首先它有四十五天的期限，時間一到，若沒「脫單」成功，很抱歉，你已喪失身爲人類的資格，你得進入可怕的「變身室」，從此變成一隻動物，那即是你餘生的模樣。人們說的「單身狗」在這不是一種比喻，而是事實的陳述。「單身，難道就不是人嗎？」在這個世界裡，它可不是疑問句而已。或許，唯一叫人欣慰的是，你可以選擇自己想當的動物。

「龍蝦。」這是主角大衛的選擇，也是原文片名《Lobster》的原來。

電影的設定實在太有趣、太天才，也正因爲它如此極端，反而提供了不同以往的視野，讓我們重新去檢視關係中的自己、去澄清自己對關係的期待，甚至去看清人們追求愛情的模樣。

《單身動物園》裡，人們之所以想「脫單」的原因，要說那是追求幸福，不如說是出自恐懼，恐懼自己失去生而爲人的樣子，恐

懼自己要以動物之軀來過日子。而幫助人們「脫單」的「飯店」，在這點上並無提供任何幫助，相反的，它讓人們的恐懼更加鞏固。它有著嚴格的規定與作息，你得穿飯店給你的制服、你的性慾不能是為取悅自己。它用著最刻板的性別印象，像是獨居男人生病了會沒人照顧、女人獨自走在路上會遭遇強暴等等的極端例子，來要你深信單身的可怕，並深信擁有伴侶才是更好的生活方式。

它要你脫單，但用的方式卻是處處削弱與否定你個人的價值。怎想都覺得這是一條無法通往目的地的道路。

因此電影也呈現了出於恐懼的人們追求關係的模樣，有人用卑微的自我與他人互動，總是百依百順地配合對方；有人則用自傷、自殺來脅迫、勒索對方愛她；也有人不斷想創造共同點，來證明彼此是合適的人，如我們都愛游泳或我們都常流鼻血。

主角大衛則是用討好對方的方式在追求關係，他以為只要裝出跟對方一樣的心思意念，就能得到對方的喜愛，對方就會願意和他在一起。因此即便自己不是冷酷之人，但當他想追求一位冰山美人的時候，他也得壓抑自己的感受，裝出一臉的厭世無謂。

而這冷酷女人對於「合適伴侶」的想像，確實就是要跟她本人一樣，對事物必須冷漠，對人不能同理，必須展現出缺乏情感與溫度的模樣。她用這點考驗大衛對自己的忠誠，好像說著：只要你跟我不一樣，那就表示你不愛我，我們不可能會是合適的伴侶。

一個靠討好來維繫關係，一個則靠被討好來證明關係，彷彿一個願打、一個願挨的天生一對，但這看似一拍即合的結構，卻不是永久保固的證明，反而更加深彼此僵固的行為模式，討好的會更討好，而被討好的一方（我們稱它為索取者），則會越來越不滿足，一旦討好行為減少，就可能引發關係的不安，於是討好行為只能不斷升高，高到討好者無法負荷為止。

當討好者身心俱疲，無法繼續再討好配合對方，導致關係緊張破裂，更叫人灰心的是，這結果竟又落入了對方的自我預言，驗證了他心裡的核心假設：「看吧！果然沒有人是真正愛我的。」

它就像一道愛情陷阱，一腳踏進的人們，眼看只能跌落深淵。

甚至當你越要對方配合、越壓抑對方真實感受的同時，其實也在儲存反撲的力量。就像片裡的大衛，有天再也受不了的時候，一再壓抑的情緒瞬間爆發，讓彼此都付出了慘痛代價。

不論是討好者還是索取者，總是倚靠他人的回應來肯定自我的價值，是根據他人的回饋來建造自我的完整。**「有你，我才完整」的想法，對於關係的傷害力道，比它能帶來的黏合作用更大，因為當你用著殘破的自我與他人相處時，實在很難創造相互尊重的友善關係。**

若要「脫單」，或許我們得先從不削弱、不否定自我與他人的價值開始，從相信「自我的價值不是因為和他人交往才完整」開始。

讓關係開始的起點，不是來自恐懼，而是我們想要「一起變得更好」的渴望。

《單身動物園》表達了當人害怕自己喪失人的身分資格時，我們在愛裡的不安模樣，也讓我們感受到生而為「人」這件事有多麼重要，它給了我們安定的基礎，也帶來一股清晰的覺察。還好，就算單身，我們也不用進到變身室，我們依然是人，而生而為「人」的價值與尊嚴，永遠相隨。

「單身，是不是真的不好？」一次演講結束後，聽眾來台前問我。

也許在她的家庭、人際生活圈、或接收的大眾媒體內容中，她感受到社會對單身者的不友善，雖不像《單身動物園》裡頭那樣誇張，但她仍感覺單身被汙名化，彷彿成了一種殘缺。

不過她會問「是不是真的不好」的同時，其實也反映著她有所懷疑，她無法完全認同單身是不好的說法，她的心裡有不同的聲音。她覺得單身的自己，也擁有很多快樂，只是這股聲音遭遇極大的不安，得去對抗外頭好多的質疑。

面對個人的生活，誰都不應該讓他人的好惡凌駕在自己的感受之上，任由他人評價我們生活的樣貌；同樣的，我們也不該把自己的感受丟在對方身上，要對方吞下不可，把自己難以背負的重軛，加在他人的重擔上，要對方跟你同樣扛著。

我們都應該為自己的人生負責，為自己的感受負責，而非要別人為我們的感受負責（像是因為我覺得單身不好，所以你單身也不好）。

曾入圍奧斯卡獎最佳紀錄片的《RBG：不恐龍大法官》（RBG），以美國史上第二位女性大法官露絲・拜德・金斯伯格（Ruth Bader Ginsburg）為主角，描述其推動性別平等運動、改變美國社會面貌的故事。晚年的她，因為針對時事有許多情理兼具的批評與發言，得到美國多數民眾的支持與認同，人們開始稱她 RBG（Ruth Bader Ginsburg 的縮寫）。年輕人視她為偶像、將她視為公平正義的化身，甚至把她的肖像印在馬克杯、衣服上，就像漫威電影裡的超級英雄一樣，

金斯伯格大法官在片裡的訪談，提到了過世母親對她的兩個影響，第一個影響是母親說要「成為淑女」（Be a lady），她解釋這讓她選擇了優雅的姿態來面對社會的不公，不讓情緒過度吞沒了自己。第二個影響是「自主獨立」（Be independent），她母親跟她說，「如果能幸運找到伴侶，過上幸福快樂的日子，這樣很好，但千萬別忘記，命運永遠掌握在自己手中，妳永遠都是獨立自主的人。」

很喜歡她母親的說法，特別是她提醒孩子要成為「獨立的人」這點，我相信也是如此，讓她日後在看見社會的不公時，願意挺身而出，相信可以盡一己之力，一點一滴來改變這個有著歧視與性別刻板印象的僵固世界。因為她相信，命運掌握在自己手中，要

世界改變，得要自己改變才行。

回到母親的初衷，母親希望露絲成爲獨立自主的人，是希望她不要把自我價值建立在關係的附屬上吧！不是因爲成爲誰的女朋友或是誰的妻子，她才是一個有價值的人，母親想告訴她，**無論她單身還是結婚，她就是她自己，生而爲人的價值，誰也沒辦法奪走。就算沒有找到合適的伴侶，也依舊無損她的價值。**

「單身，是不是眞的不好？」我想露絲的母親，給了我們一個答案。「好，或者不好，由你決定，因爲你不是誰的附屬，你是獨立而自主的人。」

他不會怕
被我比下去

《RBG：不恐龍大法官》
RBG,2018

回到古老經典裡的字句：「人單獨生活不好，我要為他造一個合適的伴侶來幫助他。」（創世記 2：18）再次細看，你會發現它說的是「單獨生活」不好，而非「單身」不好。這兩者的區分，或許可以幫助我們澄清自己對於親密關係的思考。

對我來說，「單身」不好，意味著對個人價值的否定與貶抑。但「單獨生活」不好，像是一個提醒，提醒我們並非要以孤立之姿，隔絕於這世界之外。人有親密的需求，我們會在與人的連結中感受快樂，心理學家佛洛伊德（Sigmund Freud）就曾說過「愛與工作，就是人生快樂的來源」，其中提到的愛，指的就是與人的關係。個體心理學派創始者阿德勒（Alfred Adler）也曾說人生的一大發展目標，就是與他人建立合作的關係，他也強調著社會興趣對於心理健康的重要性，這些都說著即便每個人是獨立的個體，但與人連結依然重要。

我們無須因為單身而感到自卑或恐懼，但我們也不需走向另一個極端，去否定親密關係帶來的喜悅與好處。 其實這也呼應《單身動物園》的後段情節：主角大衛受不了「飯店」的控制，想辦法逃出「飯店」後，才知外頭有一個單身者組織，他們躲匿在「森林」，逃離著社會制度的控制，這組織接受單身者的自由與價值，但他們也活在另個極端規範裡，他們可以接受成員有自慰的自由，卻不接受成員談戀愛及任何肢體親密接觸，這正好與「飯店」的規則相反，在「飯店」裡有人曾因為自慰遭到嚴重懲罰（「飯店」認為自慰會降低你尋找婚姻對象的積極度，這可是違背飯店的目標），但在「森林」裡人們卻是因為接吻而遭火吻重罰。即便規

定如此嚴格，但大衛偏偏愛上了組織裡的一名女子，或許這也說明，人類對於親密關係的渴望也是難以否認與壓抑的吧！但相愛的兩人，只能發展出一套秘戀方法，來避免他人的注意，唯有如此，他們才能在「森林」裡保命生存。

「飯店」與「森林」就像是天平兩端，在「飯店」裡，我們看見那是過度重視群體價值而否定個人價值的地方，也看見那些規則對人性造成的扭曲，甚至影響著人們對愛情的追求行為與模式；但「森林」卻是一個極度否認關係與親密的地方，它帶來的不是自由，同樣也是對生命的迫害。

在完形心理治療中有兩極對話的技巧，它是將內在的衝突刻意兩極化，並透過兩造對話，來增進案主的自我覺察，澄清自己內在真實的感受與狀態。而這部電影的形式對我來說，就有一種兩極對話的味道，來澄清「單身好不好」這個問題。

「飯店」與「森林」，分別象徵「單身有害」與「關係無益」的兩極，也是「極度親密、否定個人價值」與「極度孤單，否認親密關係價值」的兩極。兩極對話的功能，是透過對話來鬆動僵固的兩方，找出具有彈性的第三條路，開創新的可能，對應電影故事，大衛最終也發現，若要安身立命，那得要逃離「森林」才行。「飯店」與「森林」這兩個極端之處，都不會是他們的歸宿，他們得走出一條自己的路。

我們也別把自己困在兩極，別因想談戀愛，就把單身當作有害，

一單身就自哀自憐起來。**讓單身的時候，成為我們與自己談戀愛的時候吧！**如果我們都難以與自己相處，遑論要他人來跟我們相處呢？把單身視為一個機會，是練習貼近與照顧自己的最佳時刻，練習帶自己去體驗世界，享受生活。

另一方面，也別因為捍衛個人價值，就否定親密關係可能帶來的美好，視親密為毒藥，把自己活成了一座孤島。我們都要**正視自己與人的關係，與人連結是我們無需放棄的任務，創造更有品質的人際互動，是我們永遠都可學習的課題。**

德國哲學家叔本華曾說過一個有名的寓言故事：在冬夜裡，有一群刺蝟，感覺寒冷，於是想要靠近彼此來取暖。但一靠近，卻被彼此的刺給刺痛、刺傷了，為了避免受傷，牠們只好分開，可是沒過太久，他們又難敵酷寒的天氣，怕冷的牠們，又想靠近相互取暖，牠們決定再試一次，但還是被對方刺傷了，只好再次分開。怕冷又怕受傷的牠們，就在靠近與分開之間來來回回，陷入兩難。

用刺蝟的兩難來比喻人在人際與親密關係的兩難，真的再貼切不過了。我們就像那群刺蝟，因為難忍孤單，我們決定去靠近彼此，但我們都是帶刺的動物，一靠近，我們會被對方刺傷，而我們身上的刺，同樣給給對方帶來傷害，都受傷的我們，只好再分開，但過不久，寂寞難耐，好像掉入了無限循環。

這寓言聽來似乎無望，但故事結局卻給出希望，它說，這群刺蝟終於在一次又一次的嘗試中，找到溫暖又不會刺傷彼此的距離。

我們都像刺蝟，總是帶著刺在靠近彼此。它提醒我們都非完美之人、提醒我們關係互動之艱難，這從來就不是一蹴可及之事。但我們也不用因此絕望而舉旗投降，我喜歡故事中這群刺蝟「一次又一次的嘗試」的說法，它說明了沒人是親密關係的天生好手，這條路上必有挫敗，重點是受傷之後，牠們沒有失去勇氣，牠們願意修補自己身上的傷，願意留意自己身上的刺，然後再給自己一個機會，踏出靠近彼此的步伐。

露絲・拜德・金斯伯格很幸運，遇到一個合適的伴侶，她與先生馬蒂（Martin D. Ginsburg）結婚五十六年，直到 2010 年馬蒂過世。在電影《RBG：不恐龍大法官》裡，她提到自己與先生的相識過程，當時兩人都是康乃爾大學法學院學生，而年輕時的露絲長相清秀甜美，她笑說自己當年從沒跟重複的男生約會過，直到遇見了馬蒂。

「他和其他人不一樣，他很有自信，很自在，不會怕被我比下去。」露絲這樣形容馬蒂。

她說在 1950 年代，很多聰明的女孩都得在男孩面前裝笨，來討男孩的歡心。因為很多男人難以接受女人比自己更聰明、更優秀，彷彿只要女性比自己優秀，就有損男性自尊。所以為了讓這些男人有安全感，不覺得自尊受到威脅，很多女人會先去照顧他們的感受，透過裝笨來維繫關係，但也就因此褪去了自我原本的光彩，因此失去生涯發展的可能性。

可是馬蒂不一樣，他從不害怕自己被露絲比下去，從不害怕因爲女友優秀，自我價值就受到傷害。他不會把自尊與自信建立在關係裡的競爭比較之上。他眞心欣賞露絲的才華能力，敬重對方，他是露絲一生追求志業上最重要的支持。

1993 年，美國總統比爾柯林頓提名露絲出任美國最高法院大法官。當年的露絲已是六十歲高齡，她並不是柯林頓的最初屬意，但馬蒂相信自己的太太是最佳人選，相信太太的專業能力可以幫助這個國家，因此他成了背後的重要推手，透過他的四方遊說，一路幫太太走向生涯高峰，露絲成了美國百年歷史上第二位女性大法官，成了全國憲政精神的守護者，要說她是全美最有權力、影響力的人之一，一點也不爲過。

但我想，這未必是每個男人都能接受或感覺自在的事，可是馬蒂是眞心爲太太的成就感到高興，同時也不會因此而覺得自己失敗或差勁。

馬蒂的表現，才是眞正的自信吧！**眞正的自信不是怕對方比自己更優秀傑出、不是怕對方會把自己比下去，這樣的自信只是建立在外在的比較**，但馬蒂的自信是源於內在，他表現出來的是眞誠的欣賞，是眞心的敬重與愛慕，在相處上，他讓露絲可以放心做她自己，他不會用貶低對方的價值，來維護或提升自我的價值。說來，這才是眞正讓人舒服的關係呀！

一個合適的伴侶，也當如此吧！

邀請與回應

想要拉近彼此關係的方法，
並不是使勁地讓對方對你有興趣，
而是你能否用誠懇的態度，
展現出對對方的興趣。
練習看見對方的需要，並適時做出回應，
讓對方知道你眞的在乎他的感受。

讓她覺得
你對她很有興趣

《年少時代》
Boyhood,2014

在大學裡做晤談工作，常聽見同學說起自己的愛戀心事。但會在諮商室裡談起的愛情，通常不是幸福快樂、光彩明亮的那面，說來那更像是月之暗面，那裡沒有皎潔白光，只有暗黑坑疤，是愛情中真實的煩惱與焦慮、困擾與掙扎。

其中一個常見的煩惱，是不知道如何開啟一段關係、不知關係要如何建立？

「我喜歡她，然後呢？」曾有一個害羞男孩問我。他對班上的女同學有好感，但除了知道自己的心意之外，他不知道自己能夠做些什麼？可是那股強烈思念，就快把自己吞噬了一樣。

這讓我想起電影《年少時代》（Boyhood）的一幕。李察林克雷特（Richard Linklate）編導的電影《年少時代》是一部平實卻又極富詩意的電影，它將一幕幕平凡的日常生活，串成一幅又一幅動人的人生風景，娓娓道出男孩梅森從五歲到十七歲的成長故事。

主角梅森也曾問過類似的問題。十七歲時的他，喜歡班上的女同學，但又不知該些做什麼，才能與對方更近一步。一天他問著由伊森霍克（Ethan Hawke）飾演的父親，到底自己該怎麼辦？希望老爸可以給他一些指引。而我非常喜歡這老爸的回答，他們的對話，常成了我上課時討論的素材。

每次講到這裡，我常問台下的學生：「當你遇到感情困擾時，你會像主角一樣，去問自己的父母嗎？」或許不用我說，你也猜得

到大多同學的答案。「不會！因為問了也沒用呀！」他們說。而我好奇繼續問：「如果你真的問了，爸媽會說什麼呢？」

「趕快去讀書比較重要，不要想這些有的沒的！」他們想像父母會這麼說。

聽到這些答案總覺得可惜。若父母這麼說，他們就錯失了一個與孩子更靠近的機會，不僅如此，還可能把對方推得更遠了，以後孩子遇到困擾時，更不敢也不想和父母討論。

我總提醒學生，以後當了父母，若遇到孩子來問感情的事，切記這是你與孩子最親密的交流時刻，千萬不要告訴他們「讀書比較重要！」這樣一來，你是親手關上了他們原本想打開的心門。

還好，梅森的爸爸不是這麼回他，他把握住這珍貴時刻，並給我們一個極有參考價值的答案，「首先，你要問她很多問題，然後認真聽她說，讓她覺得你對她很有興趣。」他說。

「讓她覺得你對她很有興趣。」很喜歡這父親的回答，他完全點出關係建立的重點。**其實想要拉近彼此關係的方法，並不是要使勁地讓對方對我有興趣，而是我能否用誠懇的態度，展現出對對方的興趣。**

一次和朋友聊起她的相親經驗，當時與她相親的對象是位律師。我好奇她們都聊些什麼，畢竟相親聯誼的目的就是讓陌生的兩人

拉近距離，而人們如何從陌生走向親密，一直是我有興趣想了解的事。結果她說這位男士從頭到尾都在說自己賺多少錢、自己接過多少大案子、認識多少大人物等等。

如果你是與這位男士相親的對象，你對這樣的對話有什麼感覺呢？

常在課堂上問同學這問題，有同學說過一個讓我難忘的回答，她說：「啊不就好棒棒！」其實意思就是「你那麼棒沒錯，但關我什麼事？」

而我問我朋友，妳會再給對方機會，和對方出去嗎？她說「當然不會，他對我一點興趣都沒有啊！」正好呼應上述的電影台詞，

這位男士在相親中不停說著自己的事，卻很少關心對方的想法與感受，讓女方覺得他過於自我中心，彷彿在談話中，他只想表現他自己，勝過連結彼此的關係。也因此我朋友認為對方並未展現出對她的興趣，當然她也不想再花時間在對方身上了。

其實對我來說，這位男士說不定是對女方有好感的，只是他完全搞錯了關係建立的焦點與方向，他像是不斷在推銷自己、像急於展示自己華麗羽毛的孔雀。他所做的是「要對方對自己有興趣」、而非展現出「自己對對方的興趣」。

很多人會擔心自己不風趣幽默、沒有才華、或是對自己的外在條件沒信心，因此覺得自己難以與人建立關係，覺得對方不會喜歡

自己，於是想辦法讓自己變得有趣、提升自己的內涵、豐富自己的人生經驗等等，這些努力當然對於關係建立都是有益無害的事情，但並不是關係建立的核心要素，因為這些事情只關乎於「我」，而不是「我們」。但**關係指的是「我們」，那意味著不是我把自己顧好而已，而是我能否展現出與對方的「連結」。**

很多人在聯誼場合裡，會透過變魔術、講笑話等方式來連結關係，但我對於這些方式的效果是保持存疑的。因為這樣只是如同上述故事裡的男士例子，你做的只是「要對方對自己有興趣」，而非展現出「自己對對方的興趣」。就算你有超厲害的魔術，能把101大樓都變不見，但這也只證明了一件事，就是「你很會變魔術！」如此而已。「但這關我什麼事？」每一個希望拉近與對方關係的人都要想想這問題。

厲害的魔術或是好笑的笑話，那可能會讓人崇拜你或產生更多好奇，但那不是讓彼此關係更好的基礎，重點依然在於「連結」。

你在關係中，發出過哪些與對方的連結呢？在互動中，你是否有展現出對對方的好奇與興趣？你會問問對方有興趣的問題、而不是只講自己有興趣的話題。你會認真傾聽對方的談話、多去關心對方的感受與心情，讓對方感受到你想與他連結、感覺到你重視她的感受。

還是你做的，其實都是要對方對自己有興趣，因此在互動中你大力想展現自己、總是說著自己的豐功偉業，希望對方因此愛上你、

喜歡你。但說那是爲了「愛」，我覺得你更想得到的似乎是他人的「崇拜」。

想得到他人的「崇拜」，說來也沒什麼不好，但要記得，那跟你想追求的「愛」並不是同一件事。**「愛」是雙向的連結，但「崇拜」只是單向的行動而已。**

「首先，你要問她很多問題，然後認眞聽她說，讓她覺得你對她很有興趣。」梅森父親的話，雖然簡單樸實，但對渴望與人更靠近的我們來說，是顆發亮的珍珠，是蘊含智慧的寶藏。

你手上的戒指
是紅寶石嗎？

《愛的成人式》
Initiation Love,2015

你對別人有興趣，但你表現出的興趣，是在滿足誰的需求？

前篇說到，人際關係的建立，可以從「讓對方覺得你對他有興趣」開始，因此適時地在互動中表達出自己對對方的興趣，是很重要的事。

不過很多人會說：我也很常表達出對對方的興趣呀！但對方總是「已讀不回」、甚至「不讀不回」，那些表達似乎都沒辦法讓關係有所進展。

這當中有一件事需要特別注意，你可能得好好問問自己：我表達出的興趣，是在滿足誰的需要和需求？會不會我所說的、我所做的，其實只是在滿足自我的需要？而我表達出的興趣，是真的讓對方有感，還是其實只是自我中心的延伸罷了？

日本電影《愛的成人式》（Initiation Love）開頭時的一場戲，是我很常用來說明的例子。那是一場團體聯誼的場景，男女雙方相視而坐，當女主角自我介紹完後，對面的男生開始展現出「對對方的興趣」。我們來聽聽看他們說了什麼，而你對他們的表現有什麼樣的感覺。

「你手上的戒指是紅寶石嗎？」一個男生率先發問，女主角笑著回是。

「男朋友送的嗎？」第二位男生立刻接著問，女主角馬上說不，

說這是她買給自己的禮物，她的臉上依然露出甜美笑容。

你如何看這兩位男生問的問題呢？它是好的開場嗎？它有助於建立關係嗎？或說它能釋放出「讓對方知道我對她有興趣」的訊息嗎？

我的答案是肯定的，這其實是不錯的開場。

在彼此完全陌生的人際互動中，若要開啟話題，我通常會建議**從「看得見的事物」開場，而不要先談「看不見的事物」。**「看得見的事物」是指外在的，像是共處周遭環境裡的人事物，或是從對方身上一眼可見的事物或特質，如「你的髮型很好看」、「這件衣服很有型耶」、「你的聲音很好聽」等等。當然，如果你要講到與對方有關的事，那從「稱讚」開場，絕對比從「批評」開始好很多。

「看不見的事物」，有一部分是內在的，像是個人價值觀、信念、想法、態度、過往經驗等等。試想，一個陌生人劈頭問你「人生目標是什麼」，當下可能也會讓人覺得摸不著頭緒，心裡也就容易防衛起來。

但「看不見的事物」，也不一定都是指內在的，它依然有可能是指外在的事物，而此處「看不見」的重點在於它們「不在場」，如「你開什麼車」、「你家住哪裡」、「你小孩念什麼學校」等等這些話，可能都不適合當作第一次對話的開場白。

關係建立是需要循序漸進的，談話也是。因為討論看不見的、內在的、不在場的事物，較容易引起對方的防衛與抗拒。先從看得見的、外在的、在場的事物開始談起，再慢慢帶入看不見、內在的、不在場的事物，或許是比較安全、較能降低防衛的作法。

所以，「你手上的戒指是紅寶石嗎」符合了從「看得見的事物」開場的原則。

但請注意，我說的只是開場而已。若你接下來的對話都只圍繞在紅寶石上，例如：紅寶石哪裡買的？紅寶石的價格、色澤等等。我一點都不認為會對關係有太大進展，因為你展現出對寶石的興趣，顯然大過於對對方的興趣。

「紅寶石」絕對不是這句話的重點，這句話的重點在於它所傳遞出「我注意到妳」的訊息。曾有人說「愛，是觀察力的展現」，由此角度來看，**你想表達對對方的關注，就得好好運用觀察力，你想讓對方感受到用心，就得好好表現觀察力。**

所以一句「你手上的戒指是紅寶石的嗎」正傳遞出自己對對方的觀察，說來，這就是傳遞好感的開始。

「是男友送的嗎」這問題顯然是想知道對方有無男友，既然是聯誼場合，就要先搞清楚狀況，確定對方有無男友，才有辦法擬定目標與策略。這兩個問句，大概都可說明這兩個男生都是聯誼老手了，很清楚如何向對方展現自己的興趣並且探聽機會。

但接下來，樓開始歪了。

當女主角說自己是位牙醫助理後，這些男生簡直像瘋了樣，開始詢問對方是否會穿護士服，甚至要求對方幫自己看牙齒，還要她比照平常工作時的口吻一樣。

「男人一定會很興奮的。」這些男生自顧自地繼續說。他們沒注意到的是，女主角原先的喜悅神情消失了。他們的觀察力，可以看見對方手上的戒指，卻沒看見對方臉上的尷尬與不悅。

這些男生確實展現出對女主角的興趣沒錯，但為何這樣的互動，無法幫助關係建立呢？因為**他們透露出的興趣，聽起來只是在滿足自己的需求而已。**

他們在聽到女主角的工作後，投射出一個穿著護士服女子的形象，但這形象未必是女主角真實的模樣啊！他們根本還沒多認識對方，就已經用他們自己想像中的形象與對方互動，甚至還要對方去扮演自己投射出來的形象。

你對別人有興趣，但你表現出的興趣是在滿足誰的需求呢？「男人一定會很興奮的」這例子的答案很明顯了。

幫人看牙，不是女主角此時此刻的需求，而是男人們的需要。而**當你總是要別人來配合你演出，來滿足你的需要的時候，我常覺得這就是關係不舒服的開始，甚至騷擾就是這麼來的。**「那都是

因為我覺得她很漂亮，所以我才碰她」、「因為我很喜歡她，所以我才跟蹤她」常聽見性騷擾者說類似的話。

然而問題並不在你是否喜歡對方、是否對別人有興趣，問題在於你表現出的興趣是在滿足誰的需求？碰他、跟蹤他，是滿足對方的需求，還是自己的需求？如果這些行為所滿足的只是自己的需要，而非別人的需要，那這些自我滿足的行為，很容易會被當成騷擾看待了。

關係若要建立與發展，我們不能總是要對方來配合或滿足自己的需要，那是很自我中心、不在乎他人感受的表現。你得練習看見對方的需要，並適時做出回應，讓對方知道你真的在乎她的感受。

電影裡的男主角鈴木君，是整場唯一注意到女主角不舒服的男生，他在女方顯得尷尬不知回應的時候，突然講話，而這一講，內容完全跳脫先前的對話，他老兄竟開始自我介紹了起來，其他男生們還開始幫他打圓場，說鈴木是第一次來聯誼很緊張，所以才胡言亂語。但他們完全沒意識到，鈴木轉移話題的行動，其實是在幫女主角解危。

女主角當然知道，於是她向鈴木投了一個感謝眼神，事後，也給鈴木很好的回饋。

而活在自己世界裡的那些聯誼老手，他們還要鈴木多加把勁，說大家都開始變魔術了，要鈴木也得使出渾身解術才行。殊不知這

個自稱是木訥死胖子、湊人數當分母的鈴木，早已把這些聯誼老手甩得老遠，他的車尾燈早已消失在他們視線。

想辦法表現自己，確實是很多人在聯誼約會的最高指導原則，因此有人強調自己的專長、有人背了很多網路笑話、有人表演了魔術，都是希望讓對方留下深刻印象。有這些才華不是問題，但如果只有這些，那就是大問題了。

想與人建立關係的方式，其實不在於你要證明自己有多厲害，而是你對對方展現了多大的注意與接納，你的談話是否令對方感到被尊重、被支持、被關心，特別是你能否注意到說話者的情緒、感受，而你能否好好回應對方的情緒、感受。從這裡，讓對方感受到你對他的重視與在意，這才是關係中真正的魔法。就算你能把台北 101 都變不見了，都不會比這更有效。

鈴木做的正是如此，他的自我介紹看似莫名其妙，但重點不在於他說的內容，而是當時談話的脈絡。女主角已經面有難色在回應其他男士的問題，那些問題聽來已接近騷擾，但只有鈴木注意到女主角的不安，也只有他出來解圍，他的自我介紹是一種中斷場面的介入，也讓女主角不用面對那些無禮的提問。這個舉動一結束，女主角對他投以不同眼光。其他男人的花俏魔術都不重要了，重要的是有個人已在她心上留下了東西，鈴木的行為讓她知道他在乎自己的感受。

如果你想在別人心上留下東西，其實不用一直變魔術，你需要**真正能拉近關係的魔法，那就是留意、重視、接納對方的感受。**

電影《眞愛每一天》（About Time）裡也有一幕類似聯誼的場景，男主角提姆（Tim）與朋友傑伊（Joey）到一間無光餐廳裡用餐，在伸手不見五指的環境，他們被安排與兩位女士同坐。不同於提姆的節制，傑伊顯得過度熱情與興奮，又極度自我感覺良好，不僅一直說自己有多帥，在肢體動作上，也有點毛手毛腳，自以爲對方喜歡似的，隨意觸碰對方身體。

在只能透過聲音互動的情況下，傑伊突然問了這問題：「妳們兩個誰比較漂亮？」

這再次表現出傑伊的自我中心，雖然表面上像是他對對方有興趣，但問題背後的需求完全是在滿足自己的好奇而已，根本與對方的需要無關（這兩位女士根本不需要知道她們誰比較漂亮呀）。這類的問題，實在難以有效建立關係。

你說你愛他，那請記得，你們的對話與互動裡，不要讓他一直來配合你演出，總是要他來滿足你的需求。一次、兩次或許人們還能忍受，但若總是如此，對方會離你而去，就算留下，他眞的就只是在配合。當自我的感覺一再被忽略，在關係裡的人，彷彿只像一具沒有靈魂、沒有自主意識的空殼了。

愛，不是要對方來配合你演出的，因爲在這樣的互動裡，他的心，沒有安住的地方；愛，是你給出了一個空間，讓他知道，他的心能在這裡駐足，他的感受，被你放在心上。

我終於遇見
我想約會的男人

《高年級實習生》
The Intern,2015

「建立關係」一詞，我們已經常聽到覺得平凡無奇，很多時候，人們會把它掛在嘴邊，但說真的，它到底是什麼意思呢？關係又是如何建立起來的呢？

我很喜歡美國心理學家約翰高特曼（John G ottman）的說法，他為「建立關係」下了一個操作型定義，他認為**關係之所以能夠建立，在於彼此的情感有所連結。要建立關係，就得要有情感的連結，意指我要能夠在你面前表露情感，讓你知道我的感覺，同時，我也能夠去接收與回應你的感覺，當情感有交流，我們的關係才能更靠近一點。**

這觀點讓我們在摸不著邊的關係迷霧中，指出了一個方向，開啟了一條值得我們嘗試與努力的道路。它說明了建立關係的重點不僅是與對方講話聊天，也不一定是聊天的話題，重點是透過對話創造情感的交流。

試想以下對話：
「昨天晚上你去哪裡？」
「我去看電影。」
「看什麼電影？」
「《復仇者聯盟：終局之戰》」
「你在哪家戲院看？」
「我到威秀看的。」
「那你看幾點幾分的電影？」
「晚上八點。」

「看電影之前，你有吃飯嗎？」

「有呀！」

「你吃什麼？」

這樣的對話，有趣嗎？一點也不！之所以會無趣，明確地說，就在於當中完全沒有「情感的交流」，所有的對話都是「資訊的交換」而已。

「資訊的交換」在很多人際互動場合中當然是重要的，它往往是聊天時很好的切入點，但如果對話始終停留在這層面，那即便再往下聊一百句，對關係的進展也不會有太大幫助。這跟走在街上，有路人問你「捷運站要怎麼走」是一樣的問題。他會從你身上得到答案，但是你們終究只是擦身而過的路人。

想要關係不同，得要將對話帶到情感層面。我很喜歡《高年級實習生》（The Intern）裡的一場戲，那是由勞勃狄尼飾演的男主角班（Ben）與心儀對象菲歐娜（Fiona）約會時的對話，這場對話做了很好的情感交流示範。

當時兩人在路上並肩同行，邊走邊聊著彼此的人生體會，班突然說他可以用十秒鐘就介紹完自己，於是他說了個十秒版本的自我介紹：「鰥夫，一個兒子，兩個孫子，一輩子都在生產如今已派不上用場的電話簿，目前在當實習生，樂在其中。最好的消息是，我在工作時煞到一個女生。」班說。

很多人會把「自己介紹」當作是一種「資訊的交換」而已，但從班在這短短的自我介紹中，我們可以看見他想做的不只如此，他更想做的，是連結關係，而想要連結關係，就要有「情感的交流」。

於是他不只是提供資訊而已，除了說了自己在關係與工作方面的背景資料，他也表露了自己的情感，像是「樂在其中」，他讓對方知道自己對於工作的態度，而當我們得知一個人的態度時，其實是有機會拉近彼此的距離的。再來就是「我在工作時煞到一個女生」這句，更直接表達了自己對菲歐娜的好感。

班在電影中，曾被形容是公司裡頭的人氣王，很多人都喜歡他，而他自己也曾說：「我可以跟任何人相處」。他會這麼說，確實不是毫無根據，從這段十秒的自我介紹中，我們就看見他的功力，他很懂得在對話中創造「情感的交流」。

劇本的高明之處還沒結束呀！會創造「情感交流」的不只是班，菲歐娜也是箇中好手。

我在演講時，很常邀請聽眾想想，如果你是菲歐娜，聽完班的介紹後，妳會回應什麼？若妳也想創造「情感的交流」，妳該說什麼好呢？

很多看過電影的人也許有印象，記得菲歐娜像是複製貼上似的，也說了一段類似的自我介紹：「換我了，離婚，三個漂亮女兒、一個孫子，男孩，快生了。幾年前生一場大病，現在好了，我是

電子商務公司內部的按摩師，熱愛我的工作，我終於遇見我想約會的男人。」

但在這些話之前，菲歐娜先說了一句話，這句話無比重要！她回應了班剛剛隱隱透露，但又沒有明說出口的情感。

在班的自我介紹中，表明出最深的一個情感，並不是「樂在其中」，也不是「我在工作時煞到一個女生」，而是他說到自己是一個「鰥夫」。說的人雖然雲淡風輕，但有生命歷練的人都知道這裡頭是多大的失落之痛，於是菲歐娜選擇先回應這個失落情感，給出一個溫暖的回應：「我很遺憾你老婆過世了。」

我覺得不會有比這更好的回應了。

如果我是班，我會覺得她能懂我心裡有過失落，不只如此，她還願意碰觸這些脆弱，這表明著她願意與我的脆弱連結，也因為如此，讓我更有勇氣願意多開放自己，願意更靠近她一些。

關係就是在彼此情感的連結裡，日益親近。

大概是
我隱藏太多
自己的情感

《雲端情人》
Her, 2013

「為什麼在一起，還是會寂寞？」這樣的問題，不時聽戀人們說起。

這讓我想起《雲端情人》（Her），一部濃濃寂寞氣息的電影。它描述在人工智慧發達的未來，電腦作業系統功能強大如隨身管家，不只能夠處理各項事務，真人般的聲控界面，能像好友一樣與你對談，它能用全世界的寶庫，來回答你提出的問題，它也比你更記得自己過往的歷史，在你還沒開口之前，就能精準分析你的需求。當你難過時，它還懂得安慰你、引導你。

那是電腦能夠取代心理師的時代，而情人，也能深藏在雲端。

人與人之間的情感交流，已被人與電腦的互動取代，人們戀愛的對象，不再是能夠接吻、擁抱的真實肉身，而是無時無刻都能回應自己的虛擬軟體。男主角西奧多（Theodore），跟當時很多人一樣，愛上自己的作業系統，和自己的電腦談戀愛。他的雲端情人還幫自己取了名字：莎曼珊（Samantha），希奧多還很好奇她怎麼決定的，她說因為喜歡這名字的讀音。可見她不只有強大的認知運算能力，她也能使用情感來做選擇。

西奧多有過一段婚姻，曾經他們也有幸福快樂的生活，可是相處久了，關係變了，妻子離開他，但他一直未能真正放手，需要簽字的協議依然留白。莎曼珊曾問過他，他與前妻的關係為何走至如此？

「大概是我隱藏太多自己的情感，在感情裡丟下她一人。」西奧多說。

西奧多說得很清楚，可見他確實想過兩人的關係，太太因為不知道他的真實感受，很多時候只能孤單面對。當你不了解對方的感受，情感難以交流，親密感難以建立，關係也就變得冷漠與疏離。同時，身為伴侶的對方，可能還是對於親密有所期待、對情感交流有期待，但是另一方若一直避而不談，持續隱藏自己的感受，期待的那一方，就得面對一次又一次的失落。也許她只能不停試探、靠自己腦補來猜測對方心意，更令人挫折的是，這些猜測還有可能是錯的。更甚者，這還可能會帶來自我懷疑，像是「他是不是不信任我」、「他是不是覺得我不了解他」、「是不是我不夠好，他才不跟我說」。

這樣的互動實在叫人疲累不堪，只因對方什麼感受都不說，關係就可能掉落黑暗深淵，是一種被對方丟下的感受，也是如此，縱使在一起，還是會寂寞。「我站在你左側／卻像隔著銀河」五月天的《你不是真正的快樂》，也唱出了隱藏自己感受所付出的代價吧。

但為什麼人會在關係中隱藏自己的情感呢？

「你怎麼沒告訴對方你的感覺？」在聽完個案說完自己的感覺後，我常這麼問。「說了他會不高興吧」、「說了他可能會離開我呀」、「說了他也不會懂啊」他們說。

害怕自己說了會傷人、害怕自己的感覺不被對方接納、怕關係斷裂、怕對方離開、怕自己受傷等等，甚至，我們以為這是避免關係衝突、維持關係的方法，只是我也常跟個案說**「你怕把自己的感覺說出來會傷害關係，害怕對方會遠離你。可是當你不說的時候，對方不會知道你的感覺，不會認識真正的你，其實你早已經讓自己遠離了對方。」**

這就是西奧多前妻的感受，她覺得是不說的西奧多遠離了她，在他們愛情裡，留下她孤單一人。

如果你不希望對方被你丟下，請記得，多在關係中練習表達自己的感受，讓對方知道你的感受，**給對方一個機會，讓他知道自己可以成為和你討論感受的對象。關係，都是在情感交流中，一點一點累積而厚實起來。**

《雲端情人》裡有許多令人印象深刻的台詞，如：「愛情是社會認可的精神錯亂」、「我屬於你，但不只屬於你」等等，但我印象最深的是這個問句：「你會如何描述你與母親的關係？」

這是電影一開始，西奧多剛買下新的電腦作業系統，在做軟體設定時，電腦詢問西奧多的其中一個問題。很多觀眾聽到這問題時都笑了，想說這跟劇情有什麼關係呢？彷彿天外飛來的一筆。

不過若要我選一句本片最關鍵的台詞，那就是這句了！甚至覺得這話定調了這片的發展、定調了男主角的寂寞姿態，也定調了他

日後的愛情關係。

「我和母親關係不錯，但唯一讓我感到洩氣的是，每次當我講到自己人生故事的時候，她總是很主觀，不顧我的…」西奧多話還沒說完，電腦就打斷了他，彷彿他母親做的事一樣。

「西奧多還沒說完的話是什麼呢？」我常常問聽眾這個問題，而大家都覺得答案是「感受」。

如果在我們講到自己感受的時候，對方總是很主觀地回應我們，像當你說「我覺得很快樂」時，他卻回「這有什麼好高興的」，當你說「我覺得很難過」，而他回：「連這樣也要難過」，久而久之，我們根本不會想再跟對方說自己的感受了，我們不說，是為了保護自己，不說，是為了守護自我感覺的完整，不受到對方否定與懷疑，甚至攻擊與傷害。

如果西奧多在與母親的關係裡，自己的感受始終無法被接納，很自然地，他學到的就是不想再說自己的感受了。而說來，這不正是西奧多日後在親密關係中隱藏自己情感的原因嗎？

我們在親密關係裡的樣子，時常重現著過去我們與重要他人互動的模樣。而這個重要他人，通常是我們的母親，我們與母親的互動，形塑了日後我們與他人互動的姿態。

因此這句「你會如何描述你與母親的關係」，其實不是電腦作業

系統設定的基本問題而已，它更是男主角性格的基本設定問句，導演在這對話中，呈現了西奧多的人際互動模式。

中文片名《雲端情人》，直接把焦點放在虛擬情人莎曼珊身上。不過英文片名《Her》，其實模糊曖昧的多，這個「Her」可能是指莎曼珊，也可能是西奧多的前妻，或是片中戲分也很重的女性友人。若對比西奧多與這三位「Her」的互動，很是有趣，它讓我們看見親密關係的不同面貌。

但「Her」對我來說，很可能還指一個人，文章看到這，或許你猜到了，就是西奧多的母親。

你可能會說「開玩笑吧？別鬧了！」電影裡他的母親根本連人影也沒出現過，整片就只這麼提過一次。但一次就夠了，這個「Her」，才是影響他最深、最大的人。

仔細去看，西奧多在愛情中最渴望的，其實是對方能夠接納他的感受，就是他在與母親相處中最缺乏的經驗，那些失落，聚成了黑洞，成了他生命裡最難處理的寂寞。

愛，是接納對方的感受。如果你愛對方，就不要處處否定對方的感覺，那只會讓對方覺得自己不被你所愛。反過來說，若一段關係裡，你總是無法表達自己的感受，說了總是會被對方批評、責備，那這也不是愛啊！

愛，是讓你能說出自己真實的感受，而不是要你說出不屬於你內心版本的另種感受。

我本來覺得
這手機又老又舊，
但現在它是全世界
我最寶貴的東西了

《真愛每一天》
About Time,2013

很喜歡《真愛每一天》裡男女主角提姆與瑪麗（Mary）初次相遇時的對話，提姆跟著朋友傑伊到了一間無光餐廳用餐，在伸手不見五指的空間裡，認識了同桌的兩位女子瑪麗與喬安娜（Joanne）。

「瑪麗也是我媽媽的名字。」提姆接在瑪麗的介紹後說。

就在你以為提姆可能是個媽寶的同時，他繼續說：「但她比較壯，也許叫『伯納』比較適合。」幽默的回應，每次看時，自己忍不住笑了出來。

這起手式很精彩，開始的第一句話或許讓人覺得無趣，但下一句馬上拿自家人自嘲，如此製造出的喜感，對比之下，特別強烈。在人際互動中，適當地放入幽默元素，能夠製造輕鬆氣氛，拉近彼此距離，千萬別忽略在彼此笑聲中創造出的凝聚力，但你無需把自己弄成無時無刻都在搞笑的小丑，因為過於刻意或是過度頻繁的搞笑，會容易讓人覺得你只是想引起注意，讓人感覺你希望大家把焦點放在你身上，這違背了我在前文所說的原則：「你要讓對方知道，你對他有興趣」，而不是「你要對方對你有興趣」。

對我來說，幽默對人際關係的意義，同樣在於「情感連結」，透過幽默帶來的歡笑，讓我們同在一個感受裡，彼此的距離就因此拉近了。

瑪麗笑了，提姆有成功的開始。提姆還有另個幽默回話，當瑪麗開玩笑說自己長得像凱特摩絲（Kate Moss，英國超級名模），提

姆問她「妳喜歡凱特摩絲嗎？」瑪麗說超愛的！自己是她的頭號粉絲，並說今晚差點就穿了凱特摩絲的衣服出門，接著她反問提姆：「你呢？」

「不，不，我穿她的衣服不會好看。」提姆認真回話，電影外的我們再次笑翻了。

提姆的幽默很討喜，因為他的幽默都是自嘲，而非拿他人來當玩笑，一方面，這可能展現了他對他人的尊重，另一方面，一個會自嘲的人，也可能顯示他的心地是比較開放，是較容易讓人親近的，從這些的自嘲幽默中，我們似乎可以略見提姆讓人喜歡的個性。

我也很喜歡他倆在過程中對彼此有多次的「邀請」。這裡說的「邀請」，不是指約對方出去的意思，而是指發出關係連結的訊息，這也是心理學家約翰高特曼提出的概念。像是上述說到提姆問瑪麗「你喜歡凱特摩絲嗎」，就是一個提姆對瑪麗發出的「邀請」，他讓瑪麗知道他想多了解他。瑪麗回問「你呢」，同樣也是她對提姆發出的「邀請」，她讓提姆知道，她也希望與他有所連結。

或是提姆在自己的草莓慕斯上桌之後，問了瑪麗「要不要也嚐嚐看」，這也是一種「邀請」，短短的對話裡，兩人就發出了多次「邀請」，對約翰高特曼來說，這正是關係經營的關鍵。**「邀請」的意義在於，讓對方知道，我想跟你有連結，讓對方知道，你不是把對方當作與你無關的人形立牌，你讓對方知道，此時此刻的你，正努力把「我和你」變成了「我們」。**

「那我們等下就外面見？」在兩人用完餐，準備離開餐廳之前，瑪麗問提姆，提姆回「好，好啊！」這又是一次發出連結的「邀請」。剛剛在黑暗中聊得愉快的兩人，終於要見彼此的盧山眞面目了，內心可能既期待又怕受傷害吧。

有趣的是，瑪麗直接說了此刻的心情，她說自己有點害怕，提姆回應自己也是，他也有點害怕。千萬別小看這樣的對話，這又是一次的情感交流經驗，他們都在面對同樣的害怕，而他們願意分享出來，讓彼此知道，而這也是讓彼此承擔的機會。這樣的共感經驗，就像一個他們創造出的私密空間與時刻，它像個正向循環似的，兩人的關係又因此更加鞏固與緊密。

見了面後，提姆很有禮貌地問：「如果跟妳要電話，會不會很失禮？」他尊重對方的態度，與朋友傑伊的自我感覺良好呈現強烈對比，傑伊不僅在肢體動作上毛手毛腳，不尊重對方，在語言上，也顯得自我中心，總要別人來配合自己。但提姆不是，他的話展現出尊重，他的話是「邀請」，不是「要求」，這兩者最大的差別，就是尊重對方有選擇權。

提姆的「邀請」，讓瑪麗很開心，她把自己的電話輸入提姆的手機。接回手機的提姆，繼續表現一種高活力式的回應，他讓瑪麗知道自己的珍惜。「我本來覺得這手機又老又舊，但現在它是全世界我最寶貴的東西了。」他說。（這可以當撩妹金句了！）

提姆的話，是溫暖而舒服的。

在兩人要說再見之前，瑪麗對提姆說「希望還能再碰面。」提姆回「一定會。」當瑪麗走遠時，也不忘回眸一笑，讓提姆知道，她喜歡兩人的互動。

雖然離他們成為男女朋友還有一段距離，但他們確實在這次相遇中創造了高品質的互動。我喜歡他們在對話中不時地發出「邀請」，也喜歡他們對於對方「邀請」的積極回應，他們的對話也表現出對關係的珍惜與看重，說來，這不就是我們在關係中，最該對彼此做的事嗎？

提姆與瑪麗的互動，給了我們一幅關係的美麗圖像，它用「邀請」與「回應」編織，用「尊重」與「看重」為底，他們創造的笑容，溫暖了我們心底。

「我很孤單，沒什麼朋友」、「我想交朋友，但我不知道怎麼開始。」關於這類問題，心理師有各式各樣的切入點與對方討論。而我最想知道的是，你在關係中有發出「邀請」行為嗎？若有，發出過哪些「邀請」？

「邀請」的意義，在於發出「我想與你產生連結」的訊息。「邀請」的意思不只是說要你跟對方說「我們一起出去吧！」之類的話，而是發出想與對方連結的訊息，它有可能是非口語的，如笑容、手勢、眼神、表情、動作、聲音語調等等，也可能是口語的，如寒暄問候、聊天、邀約、討論議題等等。

如果你想交朋友，但你總是坐在教室的角落，跟其他同學坐得遠遠，那你並沒有發出「邀請」，而既然「邀請」的意義是「我想與你產生連結」，那沒有「邀請」的意思就是「我不想跟你產生連結」，也許你只是害羞，但別人從你的行為解讀到的訊息是「不要打擾我」，於是他們更難主動接近你，交友的挑戰性就更高了。

如果你看見其他同學迎面走來的時候，總是把自己的頭低下去，假裝沒看到對方，而你又說希望人際關係能改善。目標與行為並不一致，如果我是同學，我很自然接收到的訊息是：「別跟我打招呼」，當然我就會保持距離。

「邀請」能增進你在人際中的「可親性」，「可親性」越高，表示人們與你連結、交朋友的門檻越低，自然比較願意與你親近。 因此，檢視個案在關係中的「邀請」行為，常是我工作的重點之一。而我知道，有時「邀請」很難，而且它有被拒絕的風險，那實在很令人難堪，為了不想這麼難堪，只要不「邀請」就沒事了，只要不「邀請」，就不會受傷。

是啊，完全正確！如果你的目標是「不受傷」，這樣做就對了！但如果目標是「與人親近」，「不邀請」真的好難達到。

與人親近的能力中，其中一定有一項是承擔傷害的能力，**「與人親近」、「承擔傷害」兩件事可能有著高度相關，當我們越能「承擔傷害」，我們就越有能力「與人親近」**。我們要練習的是，發出適切的「邀請」。可能它會失敗，可能對方沒有回應，但沒關係，

它真的需要練習，沒有人會是天生的關係好手，重要的是，能從每次的回饋中，學習調整，一次又一次，我們終會找到方法。

別忘記，得要有「邀請」，我們才可能日益親近。因為「邀請」就是告訴對方：我想跟你產生連結。而那是我們每人心底都有的需求與渴望呀！

「如果這世界有什麼魔法，一定就在嘗試理解他人、彼此分享之中，雖然這好困難，但有什麼關係，重要的是有嘗試的心。」《愛在黎明破曉時》（Before Sunrise）中，席琳（Celine）對傑西（Jesse）說。

《愛在黎明破曉時》裡的席琳與傑西，是一代文青心中的經典情侶，這是我最愛的電影之一，而隨年紀越來越大，更覺得男女主角的互動就像稀世珍品一樣，它示範了兩人真心對待的模樣，讓我們看見什麼叫全心投入的互動、什麼是活在此時此刻裡的姿態。那樣的關係，真的是魔法，是我們都得熬過重重阻礙才能到達的地方。

我曾借用席琳的話，以「關係的魔法」為題，來談這部電影裡的人際互動，其中說的就是裡頭的「邀請」與「回應」。如果沒有「邀請」，他們大概還是同車廂裡的陌生人：如果沒有「邀請」，他們不會下車同遊維也納，電影只演二十分鐘就要謝幕，更不會展開後面十八年的故事、還拍了兩集續集電影（《愛在日落巴黎時》（Before Sunset）、《愛在希臘午夜時》（Before Midnight））。

一切的源頭都從這句「邀請」開始——「妳知道他們在說什麼嗎？」傑西問席琳。

當時兩人完全不認識，只是坐在同節火車車廂，分坐在隔著中間走道的兩邊。兩人看著一對吵架的夫妻走過去後，相視微笑了一眼，彷彿心裡有些同感，於是傑西鼓起勇氣開口問了鄰座的女孩，從此揭開他倆關係的序曲。

除了「邀請」與「回應」。另一個他倆之間的關係魔法，就是常常**表達自己在此時此刻的感受，也因為有表達，對方才有機會收到，有機會收到，彼此才有機會處理。**

令人印象最深的一幕就是，男主角邀女主角下車後，兩人開始在城市散步，女主角說出此刻自己的尷尬心情，結果男主角說自己也是，然後兩人笑著一起想辦法面對這情況。

對我而言，這是很美的對話，說來很簡單，但你知道，太多時候，我們都躲在自己的舒適圈裡，太多時候，我們害怕說出自己的感覺，也害怕聽見別人的不安感覺。

可是他們讓彼此知道，然後兩人一起來想辦法！他們決定不讓尷尬成為一個人的問題，不讓處理尷尬成為一個人的責任，他們願意合作，一次又一次，關係就此靠近了。

從未來回到現在，
檢視曾經
可能錯過的東西

《愛在黎明破曉時》
Before Sunrise, 1995

《愛在日落巴黎時》
Before Sunset, 2004

《愛在希臘午夜時》
Before Midnight, 2013

一個美國男孩在歐陸的火車上遇見了一個法國女孩，兩人相談甚歡，於是男孩起了瘋狂念頭，希望在隔天早上搭機返美之前，能有更多的時間和女孩聊聊，他大膽邀請女孩一同下車，要去哪他不知道，他想只要能和女孩一起在維也納城裡走走，也是有趣的體驗吧！而這一走不得了了，這場黎明之前的相聚，不只在男孩女孩的心中留下難忘回憶，他們的身影也深烙在每個觀影的青春心靈。

這是電影《愛在黎明破曉時》的劇情。從此，男孩傑西和女孩席琳兩人成了當代螢幕上最經典的情侶角色，他們真誠與深刻的對話，打動世間無數男女。

你想那或許就是愛情最純粹的本質，像種普世價值似的，跨越了時空、超越了族群，才能在你心裡翻動著。他們用這股純粹回應有限的相處時光，但或許也是這樣的時間限制型塑了永恆的片段，兩者來回的交互作用，成就了經典動人的浪漫詩篇。

在諮商室中，常有學生問起如何和心儀的對象聊天，如何開啟話題、如何經營關係等問題，你看見那是一顆渴望靠近對方的心，但在不知該怎麼表達之下，兩顆心卻又是那麼遙遠，他們渴望有種魔法，能夠驅散瀰漫在空氣中的所有尷尬，能夠帶領彼此穿越關係的迷霧森林，真實溫暖地碰觸對方心底。

傑西和席琳的對話提供了絕佳範例，關係對他們而言，好像一個魔術方塊，可以任意翻轉各樣的排列組合，可以使用不同角度觀

看，拼出關係的各式模樣，製造各種不同的驚喜，於是，我們真的看見了魔法，他們的身影不是空有異國情調的浪漫軀殼而已，他們的互動與對話，真實吹起人們的內心湖面的漣漪。

在席琳還猶豫要不要跟傑西一起下車同遊的時候，傑西用了穿越時空的想像，邀請席琳用新的視野來看兩人此刻的關係，他說：「換個角度想，試想一、二十年後，妳已經結婚多年，但妳的婚姻不再充滿熱情，妳因此開始責備你的老公，妳也開始回想過去遇到的男子，以及假設當初跟其中一位交往的後果，而我就是那其中的一位。所以妳可以把這一趟旅程，當作自己是從未來回到現在，來檢視妳曾經可能錯過的東西。」傑西的時空旅行理論，讓席琳聽得入神。

他又繼續說：「這麼做其實對妳和妳將來的老公都有幫助。你將來不會因為曾經錯過某些人而責怪他，或許我就跟他一樣失敗，整天無精打采又無趣，而你做了一個正確決定，沒有讓自己留下遺憾。」

他邀請席琳搭上時光機，站在未來的時間，觀看兩人此刻的相遇，這催化著他們採取行動，於是他們願意給彼此一個機會，踏上一段可能的旅程，不讓自己在未來有所遺憾。

你曾經站在未來，看著現在的關係嗎？當你在關係中躊躇不前的時候，或許乘著時光機，有機會開啟我們的想像，**想像一、二十年後的自己，會對現在的親密關係，有什麼看法呢？它有機會帶**

來新的覺察，甚至帶來改變的動力。

傑西與席琳的對話中，一直玩著互相發問的遊戲，一方面他們能夠藉此更認識彼此，另一方面，那也是好奇心與注意力的展現，讓話題焦點對象時有交換，不會只有一個人毫無節制地講下去。更棒的是，他們共同承擔著主動提問的壓力，一起為這段相處時光的品質負責，不會讓談話的責任，由一人單肩扛起。

隨著夜色越深，他們的關係也越緊密，但兩人還沒談及對彼此的感覺，片中最精彩的地方就在於，他們後來用著角色扮演的方式小心翼翼傾訴著自己的心意，那是我最愛的場景。席琳與傑西在餐廳裡相視而坐，席琳作勢打電話跟好友聊天，結果她要傑西假裝接起電話，扮起她的閨蜜來，然後席琳說起今天自己在火車上認識了一美國男子（就是傑西），並與對方一起下車同遊維也納的遭遇，並且她談到了自己對男子的好感。這招實在高明，要跟對方直說自己情意，有時確實難以啟齒，但透過角色扮演，席琳讓自己像在跟朋友說話一般，較能自然說出自我的感覺，並讓對方得知自己的心意。

席琳也透過角色扮演，揭露了自己對於這段關係的焦慮，她提到自己擔心男子對她的想像，擔心男子會不會誤會她是心狠手辣的女子，而沒看見自己其實有顆柔軟之心？

正因為席琳的揭露，才讓傑西有澄清的機會，他扮演電話那頭的閨蜜好友，說著那個男人不會這麼想，藉此安撫席琳的擔心。

席琳假裝掛上電話，她要傑西也打給自己的好友。當然，這次輪到她來扮演傑西的哥們，她要聽傑西會怎麼說她們的故事，要聽傑西會怎麼形容她自己。

其實傑西與席琳的相遇場景，作為觀眾的我們早已「看」過了，但導演又讓我們再「聽」了兩遍，我們的「看」，是作為第三者的全知觀點，但透過主角們的說，我們才「聽」到兩位當事人的主觀內在感受。同樣地，對主角們來說也是如此，那場景也是他們早已親身經歷之事，但是席琳還是藉著角色扮演時重新口述一次，差別在於透過敘說，席琳才能表達傑西眼睛所看不到的內在感受，而席琳也要聽傑西自己再說一次，因為也只有如此，她才能知道傑西內心的想法。

而重述關係互動的歷程，在心理學上稱為「關係歷程回顧」，像是談談「我們怎麼認識的」、「我和你互動的當下，我心裡的想法」、「剛剛的互動中，我出現了哪些感覺」、「我怎麼想剛剛我們的互動？我喜歡？或是有些地方其實我不太自在」等等。

「關係歷程回顧」能夠提供我們一種後設的角度，促進自己對關係的覺察，同時又夠深化關係，看見關係中的豐富之處，席琳與傑西這場角色扮演的對話，就是一場「關係歷程回顧」的示範，兩人的感情也因此加溫許多。

由此觀點來看，九年後推出的電影續集《愛在日落巴黎時》，你可以將整部電影視為一場大型的「關係歷程回顧」，它所回顧的

就是第一集兩人的相處情況，透過九年後兩人的相遇，從他們口中讓我們再次回味當年的浪漫滋味，也得知當時他們內心裡的想法。另一個呼應「關係歷程回顧」的劇情設定，就是男主角傑西的工作，長大後的他在成了作家，出版了自己的一本小說《This Time》，而小說內容不是別的故事，就是他與席琳當年在維也納的邂逅，簡單來說，就是身為戲外觀眾的我們，所看到的首集電影《愛在黎明破曉時》的故事，在第二集裡，成了主角寫的小說。他再次像玩魔術方塊一樣，把關係又再翻轉一次、再觀看一次，試圖發現新的可能。而這又再次說明，席琳對他而言，是多麼難忘，兩人不斷透過「關係歷程回顧」的自我揭露，開啟關係的新頁。

但後來的他們，發生了什麼事？依照慣例，再過九年，在午夜之前，導演會讓我們知道答案。2013 年，第三部曲《愛在希臘午夜時》問世。

綜觀上述對傑西與席琳互動的分析，已提出許多催化與加溫因子，足以讓這段關係留名千史了。然而還有一個重要的催化因素，特別想再說說，那就是「有限的時間」。

英文片名點出了這個關鍵，這三部曲都以 Before 為名，特別是前兩集的故事結構，都有明顯的時間限制，第一集的隔日一早，男主角要搭機返美，第二集更是集中火力，在不到兩小時的當日黃昏，男主角就要離開搭機返美，電影時間更是與現實時間同步，讓觀眾更能感受兩位主角在時間限制下的壓迫感，然而也是因為

如此吧！他們把握每分每秒，好像要把話都說進對方心坎一樣。

因為有限，他們打造了永恆。

十八年前，美國男孩和法國女孩在維也納的一日漫步之後，回到各自的人生，倆人錯過了半年後的約定，未留下任何連絡方式的他們，那場美麗邂逅像是張定格不動的照片，存放著彼此生命最深刻的浪漫記憶。原以為這樣的悸動或許在往後的日子還能再重現，只是時光荏苒、歲月更迭，到頭來才發現所有的浪漫情懷，彷彿都停在 1994 年的夏天、停在黎明破曉前的那晚。過了九年，他們重逢在午後日光耀眼的巴黎，像把遺落的時光彌補起來似的，對話透明深刻地像是要烙印在彼此心上，而在日落之前，你會讓生命中最大的遺憾、那個你以為最對的人繼續錯過，還是再也不放手了？

《愛在午夜希臘時》解答了九年前我們看著《愛在日落巴黎時》留下的疑問，傑西和席琳這對銀幕史上最經典的情侶，沒再錯過這次的相逢，倆人終於走在同條人生軌道，不只如此，甚至還多了對可愛的雙胞胎女孩相伴。但這集電影還要回答觀眾十八年前看完《愛在黎明破曉時》的問題，假如他們真的在一起，多年之後，他們的眼底是否還有愛意？他們的言談是否還有火花？還是他們彼此真的只是適合在歐洲一日漫遊的浪漫情人，而非執手偕老的伴侶？一旦關係跨過心理學家口中的熱戀期、小說家筆下的賞味期限，愛情還能否經得起時間與現實的考驗？

只是倆人決定在一起，並非沒有代價，電影一開場就交待了這選擇所付出的代價，看著傑西在機場與兒子（與前妻所生）道別的場景，叫人心酸掉淚，做爲一個父親，無法陪同經歷孩子的成長令他感到愧疚，就像一道疤痕，刻在他的心上。電影沒有迴避這問題，也未逃避關係中的衝突，甚至讓這部在千萬影迷心中最浪漫的愛情電影，一度成了眞實關係的殘酷擂台，工作的選擇、居住地的選擇、男女生活需求的差異、養育小孩與照顧家庭的壓力、性需求不滿足等等問題都被搬上檯面。

在過去，能當小說故事的主角可能是種浪漫，但席琳在這集裡，警告傑西不准再將她寫進任何故事中，因爲現實的狼狽殘破在小說中都被浪漫化與昇華，當眾人都把席琳當小說主人翁看待時，眞實與虛擬之間的界線開始模糊，雖然她是傑西的繆思，但也只是他筆下創造出來的人物，她的個性、情感、慾望都是傑西詮釋再造下的產物，和眞實的自我相比，都顯得平板與單調。最明顯的例子，就是傑西總愛美化兩人的性事，但從席琳的口中，我們卻懷疑眞相可能不是傑西說的那麼一回事。

於是你知道，**現實生活的壓力的問題不會因爲是夢中情人就減少或不見，親密關係中的挑戰與衝突，該來的還是躲不掉**。那麼過去的浪漫難道只是種虛幻無用的假象，難道十八年來，世間觀眾所寄情的理想愛情投射就要毀在以悲劇聞名的午夜希臘？

還好，他倆的浪漫從不是用鮮花與討好的巧語，他倆的浪漫從不是假裝彼此是完美的神仙伴侶，而逃避面對眞實的問題。相反地，

他倆總是談著所有的事，他們的浪漫是能夠在彼此面前說出心中真實的想法，他倆的浪漫是總不忘談著彼此的關係，不管是問著十八年前是否還會一起下車，還是五十年後是否還能忍受彼此。

如同劇中的對白提到人的本質不太會變的，經過十八年，倆人還是不停的問話與對話。雖然席琳容貌老了，但她還是那個真誠直接、有著靈氣、生氣起來有點歇斯底里，又不時戳著傑西的男人自尊情結的女孩，傑西依舊不修邊幅，有點痞卻又帶股純真，還是愛搭著時光機穿越時空的那個大男孩。

他們都不是完美情人，但他們在一起的化學作用，總燃著迷人的火花。或許重點不在於衝突是否能真的解決，重點在於他們仍舊願意繼續用幽默的方式談著彼此的關係，他們當中一直有邀請與回應，這是屬於他們的浪漫，是他們關係的利基，也是他們的魔法，幫助他們解開一次又一次的午夜危機。

03

衝突與失控

理解我們都不是完美情人，
但我們能創造最美好、最適合的相處火花。
衝突與爭執令人難受，
先把焦點放回自身，釐清自我再做交流。

03

聽說
他的初戀女友
是個賤女人

《初戀築夢 101》
Architecture 101, 2012

多年後，當書妍聽著陌生人這樣說著自己的時候，心裡很不是滋味吧！但這形象到底是從哪來的？最有可能就是出自初戀男友的口吧！在他的故事版本裡，她是玩弄感情的女孩、而自己只是傻傻放入真心的工具人。

時間回到好多年前，韓國電影《初戀築夢 101》（Architecture 101）裡的男女主角李承敏與楊書妍，還是青澀的大一新鮮人，他們修了同一門課：建築概論。第一堂課上，老師要求同學在黑板的地圖上標出自己上學的路線，沒想到他倆畫出重疊的線條，這巧合撥動少男的心弦，也畫下了兩人的不解之緣。

個性害羞的承敏對音樂系的書妍一見鍾情，但他不確定的是：女孩也喜歡他嗎？書妍邀他一起做作業，只是因為兩人有地緣之親、因為他是建築本科系學生，還是對方真的對他有好感呢？

這或許是每個陷入愛情迷霧的人，迫切希望知道的答案。對方的每個舉動都會被自己放大，彷彿那些都是亟待破解的神奇密碼，想破頭去解讀對方心意，就怕自己誤判情勢，一不小心就從天堂跌入谷底。

「我怕自己只是工具人。」曾在晤談中聽到一男孩這樣說著自己在與異性互動時的擔憂。於是，他的一舉一動顯得小心翼翼，甚至有時還帶點試探意味，不斷想測試對方的心意。**在兩人互動中，把焦點過度放在「自己是否被喜歡」，反而容易讓互動變得不自然**，更具殺傷力的是，萬一試探結果不如預期，覺得對方似乎沒

有喜歡自己時，自己就不再好好維持經營這段關係，而關係斷了，當然就不會有其他發展的可能。說來，他與對方的互動很容易呈現一種「全有全無」的面貌，要不就我們彼此喜歡，要不就連朋友都別做吧！

「害怕自己只是工具人」似乎也是承敏的擔憂，但這擔憂可能也讓他看不清關係的全貌。作為電影全知者的觀眾，其實我們清楚知道書妍對他的好感，但承敏總是忽略正向徵兆，過度放大那些「可能不是」的負面訊號，並加入自己的恐怖想像，不斷把學長視為假想敵，認為書妍一定會對學長有好感，而跟學長相比，他似乎不相信自己有勝出的可能。承敏從未看清事實的真相，卻一直帶著自己的想像與書妍互動，讓關係走向難以發展的結局，看著他掉淚，我們也跟著心碎，對他而言，是一種真心換絕情的深切痛苦，很叫人心疼。

當他私自斷然做出結束關係的決定，換我們聽著書妍心碎的聲音，只是這聲音，卻要多年之後，承敏才聽得懂、聽得見。

我想我們也是，總是多年之後回首再看，才看見當年沒看見的關係樣貌，或是才知曉其實自己只要做些什麼，關係可能就此不同。

美國心理學家蘇利文（Harry S.Sullivan）對於人際互動曾提出「毒性的扭曲」（parataxic distortion）一概念，意指我們錯誤解讀了對方，於是我們與對方互動時，不是真的與對方互動，而是與一個我們想像出來的對方互動，而我們想像出來的對方，

通常還是扭曲的形象，而這些扭曲形象就像毒藥一樣，侵蝕著兩人的關係。

當承敏在深夜裡撞見書妍與學長看似親密的舉動，這景象對他當然是無比衝擊，而書妍成了他口中的「賤女人」，當承敏這樣想後，自然也無法跟這樣的書妍互動下去，關係結束了，兩人都帶著未解開的謎題，甚至還都帶著自己想像的神秘解答，各自忍痛地往未來的人生走去。

學者指出處理「毒性的扭曲」最好的辦法，其實是關係中的「澄清」，若是承敏當時能夠向書妍清楚說出自己的感受與疑惑，又或書妍能夠反映自己的不解，兩人就有機會澄清彼此的想像，修正其中扭曲的部分，也許他們不會這麼快放手、也許他們還會共賞那年冬天的第一場雪。但這或許就是「初戀」的模樣吧！從石破天驚的怦然心動開始，卻結束在未澄清的扭曲互動之中，那是喚不回的苦澀青春，是痛苦銘心般的愛的代價，而我們都是這樣長大的……

飾演兩位主角的年輕演員，在片中有著動人的演出，將青春男女的互動演得到位，讓人很難不愛上這兩個角色，跟著入戲其中，所以看到他們因誤會而離別的那刻，心也隨著痛了起來。

《初戀築夢101》是初戀酸甜苦辣的描寫，也是長大後的我們，回首看看自己過去在愛裡的青澀模樣，看看自己在愛裡，是否變得不太一樣。

電影裡當年的兩人，關係未能走下去，很大部分跟對彼此的誤會有關，於是書妍成了他口中的「賤女人」；而認為自己真心換絕情的承敏，不願繼續受傷，沒留下半句解釋便遠離了與書妍的關係。（澄清一下，若因為自己愛不到，或因對方選擇了別人，就用賤人形容對方，如此心態是需要好好被批判的。）

從承敏的行為，我們可以來談談人們在面對情敵時的態度。

承敏雖然很喜歡書妍，但只要學長一出現，他就自動呈現放棄狀態，也許相較於高富帥的學長，承敏是自卑的，而這自卑讓他顯得束手無策。最明顯的一幕在學長開車載他與書妍回家時，學長與書妍坐在前座，承敏在後座。但學長與書妍聊天的時候，坐在後座的他卻是假裝睡覺。或許他是想藉此偷聽情蒐，不過我真心不認為這是最好的策略，他該做的，或許是更積極參與在學長與書妍的對話裡，讓那段時空成為三人的共享時刻，而非變成兩人（學長與書妍）的私密時光，用流行的話說，承敏得要在此刻刷存在感才行，但他做的事卻是讓自己隱形，消失不見。

甚至之前的承敏，在一次與學長的單獨對話中，他也不敢承認自己與書妍的熟識關係。可是書妍很不一樣，那天在車裡，她很大方在學長面前，表示自己與承敏有很多互動。她是想把承敏拉進她與學長的對話裡，這表示她看重他，可是承敏的假睡，就像是退出的舉動，讓人覺得他已經放棄了。

承敏在學長面前的低姿態，讓他誤判情勢，也導致最後不可收拾

的誤會。他對學長有過度理想的投射，以為學長是萬人迷、以為所有女人都難抗拒他的魅力，包括書妍也是。但真相並非如此，書妍雖然曾在承敏面前稱讚過學長，但那些稱讚聽來其實只是表面的崇拜，而不是她對於兩人互動的正向回饋。

被崇拜與被喜歡是不同的概念，當你被崇拜，那只是人人都覺得你厲害，但要被喜歡，才是真正讓對方想跟你親近的原因。被崇拜，可能是來自自我的外在條件，但是被喜歡，是建立在彼此良好的互動關係上。

而真正在關係中，創造出良好互動品質的，其實一直都是承敏與書妍呀！很可惜承敏沒看見這點，一旦遇到情敵學長，他就先低下頭了。

學長真的是「萬人迷」嗎？不，這只是承敏自己的過度想像，甚至他以為所有人都跟他有一樣的想法，但真實的學長不過是個自我中心的傢伙，根本就不是書妍會心動的對象。可是這萬人迷的過度想像，深深困住承敏，讓他有著那些令自己痛苦的腦補想像，也拉遠了後來他與書妍的互動。

而書妍真的是「賤女人」嗎？其實這也是承敏的過度想像，根植於他面對學長時的自卑情緒。他完全忽略了對書妍來說，自己對她有著非凡的意義，忽略了兩人的溫暖相處才是書妍真正喜歡與在乎的事。

你很愛很愛她，我知道，就像承敏很愛書妍一樣，但當情敵出現，你投射了什麼形象在對方身上呢？**我們需要好好檢視自己投射在對方身上的想像，並且回到現實合理評估自己與追求對象的關係，避免放任自己的過度想像，扭曲了對方的真實面貌，而受困其中。**

此外，人說「情敵相見，分外眼紅」，面對情敵時，你注意到自己的態度又是如何呢？你是正面應對，還是逃避競爭？你會為彼此創造更有品質的互動，讓關係有機會往前，還是陷在自我否定的聲音裡，讓關係停滯不前？你會努力讓自己站上擂台，還是裝睡不醒？

會不會你的態度，已經決定了一切的結果？

我愛你，
但我不喜歡你了

《眞愛挑日子》
One Day, 2011

「我愛你，但我不喜歡你了。」（I love you, but I don't like you anymore）離去前，艾瑪（Emma）抱著達斯（Dexter）這麼說，臉上還掛著兩行淚。

話說從頭，學生時代的艾瑪暗戀著瀟灑帥氣的達斯，但活躍的達斯與安靜的艾瑪在當年毫無交集，直到畢業派對那晚，兩條平行線才有交會。微醺的兩人，曖昧地往一夜情開展，但達斯卻是很不給力地睡到不省人事，所以原以爲會有的激情，其實什麼也沒發生。

他們安安靜靜共度一晚，但隔早醒來，這兩人卻是聊得愉快，從此他們成了無話不談的知心好友。那天是 7 月 15 日，達斯說，那是他家鄉的聖史威遜節（Saint Swithin's Day），相傳若是當天下雨，接下來的四十天都是雨天，若當天放晴，接下來的四十天都是晴天。雖然，這預言並無科學根據，眞實情況也非如此，但作者巧妙借用了這氣象傳說，預告在這天相遇的兩人，在未來日子裡的不解之緣。

7 月 15 日成了他們的友誼紀念日，每年的這天就是他們聯繫或相聚的時刻。因此，雖然劇情時間軸橫跨二十多年，但我們看見的故事總是發生在 7 月 15 日這天，好像是長年縱向追蹤研究裡的橫切面，一片一片切下的當日景象，堆疊了這部電影的面貌，這也是片名《眞愛挑日子》（One Day）的由來。

從原本以爲是一夜風流的關係，到後來卻成爲知心的好友。這讓

人想起美國心理學家羅伯史坦伯格（Robert J. Sternberg）曾提出的愛情三元論理論，他說**愛情有三個元素，分別是「激情」（passion）、「親密」（intimacy）與「承諾」（commitment）。**

簡單來說，「激情」指的是一種引發吸引力、浪漫、性慾望的驅力，通常與外表或是性吸引力有關，在戀愛的初期，它是重要的元素，甚至沒有它，兩個人也不容易在一起。所謂的「一見鍾情」，大概指的就是愛情裡的「激情」元素吧！它可說是最被人熟知的愛情形式，在流行音樂裡所歌頌的愛情，仔細聽聽，大多描述的也都是「激情」，舉例來說，女神卡卡（Lady Gaga）的成名曲《野蠻浪漫》（Bad Romance），裡頭寫道「我要你的呼吸聲／你的碰觸讓我痊癒／我要你激吻的場景／我要定你的愛／你知道我夢寐以求的就是你／你也知道我所需要的就是你／我要來場野蠻的浪漫」直白的歌詞，激昂的曲調，表達著對情愛對象的「激情」感受，傳遞出與對方親近強烈渴望。

「親密」是指彼此心與心的交流產生的情感，雙方能夠互相了解、信任，給予彼此支持。你會如此這麼形容帶給你親密感的對象：「他是我最好的朋友」、「和他在一起時，我會自在」、「他很了解我」、「他是我的心靈伴侶」等等。**「親密」與「激情」很不一樣的地方是，它需要雙方花時間培養與經營，「激情」可以在兩人對眼時立即發生，但「親密」發生在雙方的互動與了解之後。**「激情」往往來得快，但去得也快，可是「親密」卻是關係能走得更久的原因。

常聽見分手的個案說：「因爲我對她沒有感覺了。」若去澄清他們所說的「感覺」，會發現那常指的是愛情三元論裡的「激情」，一旦「激情」褪去，他們以爲愛情也跟著逝去了。但史坦伯格告訴我們「激情」不是唯一，走向「親密」的關係也是每對伴侶的考驗之旅。

達斯與艾瑪的關係，當中有「激情」與「親密」的元素，他們互相吸引，他們也很聊得來。他們可說是最相知相守的伴侶，但當時的他們始終無緣成爲依偎彼此的戀人，他倆也不是沒談過，有！但那次討論確認了彼此的差異，那就是愛情三元論裡的第三個元素：承諾。

曾經有一年，他們在出遊時候，對彼此傾吐了心意，艾瑪就不用說了，我們都知道她愛著達斯，但達斯的情史豐富，我們實在不確定他對艾瑪的感覺。而那一次，達斯深情看著艾瑪，說著自己對艾瑪的愛意，當下的艾瑪或許有一種美夢成眞的感動吧！可是這場美夢，醒得很快，因爲就在達斯告白之後，他竟補了一句：「可是我對很多人都有這種感覺！」

看著當下艾瑪的失落眼神，彷彿都聽見了心碎的聲音。她對達斯是全心全意，但達斯對她卻不是，達斯是她的「唯一」，但她只是達斯的「之一」。甚至達斯還提出兩人可以談玩票性質的戀愛就好，他坦白說兩人可當性伴侶，但若要他只專注於艾瑪一人，他沒法做到。

聽到這裡，或許有人會把達斯當成渣男看待，但無論你認不認同達斯的愛情觀，大概都不能否認他很誠實，他並沒有欺騙艾瑪，假裝自己能給出艾瑪想要的，他很清楚表達自己對這段關係的期待。

現在就看艾瑪如何接招了，而艾瑪沒有答應。

這反映艾瑪清楚知道自己想要的愛情是什麼，她不只要「激情」與「親密」，她更要一段有「承諾」的關係，是對方願意跟她一樣委身與投入的關係。如果對方做不到這點，那就算自己再愛對方，她都知道這不是適合她的對象，她不會犧牲自己的需求來討好配合對方。這裡頭，其實有著她對自己的珍惜與尊重，而她也需要愛她的人，給予同樣的珍惜與尊重。

而我覺得在關係中最能反映珍惜與尊重的元素就是「承諾」。「承諾」最表面的意思，是指「交往」或「結婚」，但更重要的是，它反映了一個人對於關係的投入意願程度。**「承諾」越高，代表投入意願程度越高，代表當關係遇到挑戰與困難時，他比較願意想辦法去解決問題，而不是逃避問題，甚至當他愛上別人的時候，他願意先面對與你的關係，而不是私自選擇出軌處理。「承諾」是他把關係視為「我們」，願意用「我們」的視野看待問題，而非僅用「我」一人的角度思考問題。**

這幾年，我常和學生談「承諾」對於關係的重要性，這意思不是要大家以結婚為前提談戀愛，結婚或許對很多情侶來說還是很遙

遠的事，但這不表示如今的關係中沒有「承諾」的議題，而我也發現許多情侶對於彼此的「承諾」程度感到陌生，他們不確定對方願意投入在關係中的心力有多少？不確定當關係遇到困難時，對方是否會願意一起努力面對難關？

如果彼此「承諾」程度落差太大，關係自然難以維繫，但問題來了，當你不知道對方對關係的投入意願，你要如何與自己的投入意願做核對呢？沒有核對，關係就容易落入模糊地帶，自己的心思更容易處於不安。

對我來說，**「承諾」高低不是問題，但清不清晰才是問題。**

達斯對艾瑪的關係，「承諾」很低，但至少他說得很清楚，也是因為如此清晰，艾瑪才能與自己的態度比對，讓她有機會做出自己的決定。

你知道你愛的人，或是愛你的人，對於關係的「承諾」有多少呢？而知道這事的重點，不在於對方的態度如何，而是接下來，你要回答自己的問題：「這是我想要的嗎？」

艾瑪知道自己的答案，她為自己想要的愛情負責。還要好多年後，達斯才懂如何回應艾瑪想要的關係。雖然戀人沒當成，但艾瑪與達斯依然是最好的朋友，就算他們各自談了戀愛，但彼此似乎還是最懂對方的人，在他們低潮的時候，彼此的聲音仍是最溫暖有力的打氣筒。

直到達斯迷失了他自己。

意氣風發的達斯，在五光十色的娛樂圈中漸漸改變，酒醉金迷的花花世界，痲痹了他的心，不僅選擇了膚淺的愛情對象，自己也像失去靈魂的人，變得驕傲自大，說話刻薄輕挑。

那年，好久沒見的兩人，難得有機會碰面吃飯聊天，沒想到達斯整晚心不在焉，眼神左顧右盼，要不然就是講沒幾句話就藉故離席，讓艾瑪不停在餐桌上空等，甚至他還跟別桌女客人調情起來，這些舉動，都讓艾瑪感到極不被尊重。但更令她難受的是，好不容易等達斯能好好坐在位子上，聽自己說話的時候，他的神情也一副不感興趣，而且還說笑似地貶低了艾瑪選擇的中學老師工作。

「人們不是都說，沒能力的人才去當老師嗎？」達斯一臉輕浮地說。

生氣的艾瑪，聽完當場走人，她根本不想花時間在不懂自己的人身上。意識到自己說錯話的達斯追出了餐廳，希望艾瑪原諒，艾瑪確實回頭了，她朝達斯走來，達斯笑了，以為自己的罪就要得到赦免，但艾瑪抱著他，哭著對他說出這令人印象深刻的台詞：「我愛你，但我不喜歡你了。」說完她轉身離開，留下錯愕又失落的達斯。

這話像是艾瑪對這關係的分手宣言，兩人從此多年不見。

要如何解讀艾瑪的話呢？我還是會用愛情三元論來說。艾瑪說的「我愛你」，像是指愛情裡的「激情」，她知道自己對達斯仍有熱情，她知道達斯依舊牽動她的心思意念，艾瑪完全不否認這點，但是有「激情」不夠，艾瑪已經不喜歡達斯了，這裡的「喜歡」，像是指關係裡的「親密」，因為達斯已經無法再給予艾瑪心靈上的親密之感，他不是過去那個懂她、願意守護她價值的人，現在的他，表現像個自顧自地說著浮誇言語的自私混蛋。

艾瑪的心很痛，但另一方面來說，她知道自己得要放下這段關係了，對方已經不再是能滿足他「親密」需求的人。她知道自己要的是什麼，再一次，她沒有委曲求全，她尊重自己的需求，也讓對方知道，她不會輕易放棄自己所看重的價值。

說出貶低對方的語言，往往是最傷害關係的行為，關係不是拼出誰高誰低、誰贏誰輸的比賽，它需要滋養的語言，而非競爭比較的語言。達斯的輕率言論，破壞了兩人的關係，更精準說，他破壞了兩人之間的「親密」，而那正是艾瑪最渴求的東西。

「激情」、「親密」、「承諾」，你追求的愛是哪一種呢？在這三元素上，你的愛情關係又呈現何種面貌？《真愛挑日子》提供我們很具體的參考。

愛情三元素，提供我們一種觀看愛情的視野，可用它來檢視自己對愛情的期待與需求，也可用此去了解對方的期待與需求。但請記得，**我們無權決定對方想要什麼樣的愛情，也許他想的跟我們**

很不一樣，而這時我們更要做的，就是好好去了解對方，然後問自己，這是否也是你想要的？

是或不是，我們都學習勇敢為自己的決定負責，就像艾瑪一樣。

對你而言，
我到底算什麼？
你那什麼眼神？

《家戰》
Custody, 2017

驚悚懸疑電影《驚濤佈局》（Serenity）裡有一幕，妻子凱倫（Karen）獨自一人在飯店裡，當她在浴室梳洗的時候，忽然看見先生法蘭克（Frank）打開浴室大門，當下她被嚇到花容失色。因為先生原本說好隔天才會來與她會合，結果法蘭克在她未預期的時間出現，第一時間，凱倫還以為房間被人給闖入了！

但看見凱倫驚嚇模樣的法蘭克，並沒有嘗試安撫她的情緒，反倒大笑了起來，他把凱倫的情緒當作玩笑，彷彿刻意引起凱倫的害怕，就是他的目的，而太太的恐懼神情，就是他的戰利品。

若是照顧對方感受的情人，並不會這麼處理，他不會將對方的情緒視為無物，他可以表達自己嚇到對方的歉意，選擇安撫對方的害怕，這都是讓對方知道你在乎她感受的表達，只是法蘭克不是如此，他的表達顯示他不太在乎，甚至還當作玩笑。

令人不舒服的地方還沒結束，接下來，他要凱倫脫掉浴袍，裸身面對自己，他戴起眼鏡，仔細檢查著凱倫的每一吋肌膚，見到一處有傷痕，就盤問著傷痕如何而來。此時的凱倫，看來仍是一臉驚恐，但也只能配合，這或許就是她婚姻的日常，是與她老公每次見面時的特殊儀式了。

每對情侶、夫妻或許都有自己的相處模式或偏好，然而重點在於「彼此是否都喜歡」。很明顯的，凱倫一點也沒愉悅的感覺，但她的感覺似乎也不重要，在這段關係裡，法蘭克只在乎自己的感覺，甚至法蘭克更像是刻意去引發凱倫的懼怕情緒，他在凱倫未

預期的時間出現、用監視與檢查的方式與太太互動，都在製造凱倫的不安。

在這些互動裡，凱倫不像被他疼惜的妻子，我總覺得比較像是法蘭克的車子，而這車主時常都要檢查車身是否有著刮痕。凱倫的身體彷彿不是自己的身體，更像是法蘭克的財產與工具，她也不像是一個完整獨立的個體，更像是丈夫的附屬品。

在談危險情人的主題時，這幕戲常是我的開場故事。

所謂的危險情人，是指對伴侶的身體、心理、性命造成傷害的親密關係對象，這些對象通常也是親密關係暴力的行為人，他們與伴侶的互動中可能有肢體暴力、性暴力、精神暴力、跟蹤行為、或是經濟財務方面的控制等等。

法蘭克強迫凱倫配合他的性癖好，這可不是什麼羅曼蒂克的浪漫表現，其實它就是性暴力的一種，是法蘭克宣示他對妻子身體擁有權的展現，這是物化對方的舉動。對我來說，**危險情人在做的事情，就是削弱與剝奪對方的主權，而他的方法就是透過暴力與控制。**

「親密關係」與「暴力」，聽起來像是相互矛盾與牴觸的兩件事，但對危險情人而言，這兩件事未必衝突，因為「暴力」正是其維持「親密關係」的方法。**親密關係暴力與其他暴力不同的點在於其目的不同，許多暴力行為的目的是為了要保持距離，不讓對方**

有機會靠近傷害自己：我打你，是要你遠離我。但親密關係暴力的目的正好相反，它是要拉近對方與自己的距離：我打你，是要你和我在一起，甚至從危險情人口中說出的話是：「那是因為我愛你。」

而這正是常讓受害者卡在其中不知怎辦的原因，一方面在互動中感到害怕，擔心對方使用暴力，另一方面卻也可能有對對方的心疼及對自己的自責，覺得對方是因為愛我、想和我在一起，才這麼做的，於是將對方的行為合理化，結果一次又一次地，自己繼續遭受傷害。

我曾聽過被男友電話騷擾到心神不寧的女友這麼解釋對方的行為：「但那也是因為他愛我啊，我能怎麼樣？」被一個人愛是感覺很棒的事，但我也常提醒個案，注意對方用什麼方式愛你也很重要。在關係中，他能尊重你、接納你、給你安全感，還是他愛的方式，總是讓你感到不安與害怕，就像是《驚濤佈局》的法蘭克一樣。

人與人連結關係的方式有兩種，一種我稱為「安全連結」，是透過給予對方安全感、信任、尊重、關心來連結彼此的關係，對方也會在這樣的連結方式中感到舒服與自在，當對方和你在一起，是出自真心的愛與喜歡。

但另一種連結方式是「恐懼連結」，它是透過製造恐懼，像是肢體暴力、言語羞辱、剝奪安全感、情緒勒索來連結關係，但這種連結方式，會讓對方自卑、害怕、焦慮。而對方之所以和你在一

起，未必是他愛你，而是他很怕你。

「安全連結」的關係，讓人覺得被滋養，被疼惜，被尊重。它能幫助一個人在關係中更確信自己的價值，但「恐懼連結」相反，它讓人懼怕，讓人覺得自己是糟糕的，在這樣的關係中，我們會越來越渺小，越來越懷疑自己的價值。

愛，不是用說的，比說喊口號式的說愛，在互動中展現「安全連結」才是更可靠的證據。

榮獲第74屆威尼斯影展最佳導演獎的法國電影《家戰》（Custody），男主角安東，就是一個使用「恐懼連結」來維繫關係的例子。

「你眼中還有我這個爸爸嗎」、「對你而言，我到底算什麼？你那什麼眼神」這是安東常對孩子、對前妻說的話。

電影從一對離婚夫妻爭取孩子監護權的場景開始。安東與米蘭的婚姻走到盡頭，離婚後兩個孩子跟著母親米蘭同住，大女兒即將滿十八歲成年，能自由選擇跟誰居住，但未成年的小兒子，成了父母爭奪的對象。小兒子表態希望能跟母親一起，但聽在安東耳裡，覺得這是米蘭對兒子的洗腦，認為自己的兒子，不可能會拒自己於千里之外，因此仍努力爭取與兒子見面的權利。最終法院判決父親安東可以在隔週的假日與兒子相處。

電影並未明說，安東與米蘭的婚姻遇到了什麼問題，只見米蘭處處躲著安東，不讓安東知道自己的住處、也不讓他知道自己的手機號碼。但安東一直希望能跟前妻復合，因此米蘭躲避互動的行為，讓他很不高興，覺得自己不受重視。

這也連帶影響到安東與兒子的互動，好不容易才爭取來的親子時光，原以為那會是一個父親好好珍惜的互動機會，沒想到安東的焦點始終都在孩子的母親身上，不斷想從孩子口中探聽米蘭的消息、想得知她的住處、她的手機號碼、還有她有沒有交男朋友。當孩子未據實以告的時候，安東還會發火指責說：「你眼中還有我這個爸爸嗎？」

兒子面對父親的害怕，總是寫在臉上，看了令人心疼。甚至你會想反問這個父親：「你眼中還有這個兒子嗎？」安東沒看見兒子的恐懼，也沒看見兒子的眼淚，他在乎自己身為父親的權威勝過關心兒子的感受。眼前的兒子，彷彿只是他與前妻聯絡的工具，他是否真心關心這個兒子？或許安東心裡覺得自己有吧！但若真要從他們的互動中判斷，我實在很難給出肯定答案。

安東與米蘭的互動也是如此，安東多次在米蘭未預期的狀況下現身，而只要米蘭的回應不如他期待的友善，他就變臉失控，他會對米蘭狂吼：「我對妳到底算什麼」、「妳那什麼眼神」，他極力維護的自尊，再次成為阻礙他與家人連結的高牆。

此刻的米蘭，當然更不會回應安東的期待，對她來說，雖然安東

口口聲聲說愛她，但她並不認爲安東有所轉變，安東與她的互動，依舊帶給她恐懼，安東並未展現不同的連結方式，他用的依舊是「恐懼連結」，也許那未必是安東的本意，但他所做的，眞的只是讓對方感到害怕而已。

甚至最後，始終得不到米蘭正面回應的他，拿起步槍打破前妻家的大門，硬闖對方家中，要米蘭給他一個交代，他以爲這是破鏡重圓的方法，但他已經摧毀一切信任基礎了。

雖然他心裡想與前妻復合，與兒子和好，但他所做的，卻是把家人推往更遠的地方。在安東的行爲中，他們完全不會看見自己是被愛的，只會看見安東帶給自己的巨大恐懼，看見安東不允許他們有自己的人生。

失婚的挫折當然痛苦，但安東將內在的痛苦化身爲外在的攻擊，要前妻或孩子爲自己的痛苦與挫折負責。其實安東最要做的，不是強行撬開對方緊閉的門，他需要打開的，是自己被拒絕而受傷的心，他得要**貼近、陪伴自己的受傷，承認與接納過去自己在關係中的挫敗，由此開始，他才有辦法重新去愛。**

安東的兒子，在片中多次因爲害怕而流下眼淚，然而當下安東的處理，只是更加強硬與激烈，他完全無法靠近兒子的感受。孩子的驚恐神情，實在叫人看了虐心，但或許這也是導演想讓我們看見的，他要我們看見眼前人們的痛苦，要我們放下那自以爲是的自尊，多貼近那些我們口裡說著愛著的人們一點。

而我認為「愛」的意思就是，多靠近他們的感受一點。

如果靠近對方的感受會讓你難受、痛苦，我們先給彼此一點空間，**我們試著去尊重對方有自己的感受，但也練習去貼近自己的痛苦，練習理解與安撫自己的痛苦，為自己的感受負責。**而這時無須強求對方來回應自己的感受，或要對方來安撫自己的難受、冀望對方為我們的情緒負責。**這些痛苦，其實對方難以陪伴，而最該陪伴的人，或許是我們自己。**

沒有人是為了受苦而去談戀愛，但有些愛情談了確實很辛苦，其中又有些苦，可能是成長的必然陣痛，是美好關係的試煉，這種苦有其價值，兩人若能真誠面對與處理，關係可能會更加親密。但有些苦，卻不見得必然得受，受了未必會讓關係更好，更令人擔心的是，這些苦可能還有毀滅性，它會重重傷了你的身、你的心。

電影《派特的幸福劇本》（Silver Linings Playbook）中，派特的父親提醒男主角派特（Pat）要注意徵兆（read the sign），要他看見女主角對他的用心，提醒他那是愛情的徵兆。其實，在愛神的箭射出之際，我們需要注意的不只是浪漫的愛情徵兆，對於受苦關係的徵兆，同樣也須認真檢視。

其中一個重要的徵兆，我想就是「恐懼連結」了吧！他說想跟你在一起，但他追求的方法不是想辦法去創造更有品質的互動，讓你感覺被尊重，相反的，他的追求方式給你威脅感，讓你覺得被

勉強，或用製造恐懼的方式，造成你的害怕，對我來說，這反映他在人際互動中習慣採用「恐懼連結」的模式，而這可能是一個危險因子。

另一個可以觀察的地方是，當你跟他有不同意見時，他的反應是什麼？他能否接受你跟他有不同的意見？他聽到你說出他不喜歡聽的事情，就開始搞失蹤、不理你、大發雷霆、或說「再說你試試看」、「再說我就要你好看？」還是他願意尊重、傾聽你的意見，願意好好去了解你的想法與感受，願意欣賞、接納你有屬於自己的特質與風格？

後者才是愛，前者只是在乎自己而已。

「可是他說他愛我。」你說。但他如果連你的感受都不在乎與尊重，連你有不同的想法都不能說出來，而你們在一起時，你只能說他想聽的事情，我覺得他不是真的愛你，他只是愛有你陪伴時的自己。甚至我認為他其實不是很愛自己，他不知道如何跟沒有你時的自己共處。

他是愛你，但他愛的是符合他心中期待與理想的你，對於真實的你，他從來不願打開心房好好去了解，他拒絕去聽、去接受你超出他想像的部分。

遇到這樣的他，我們能給出最好的東西，可能就是留給他一個好好與自己相處的空間，你無法為他代筆這份人生功課，那是我們

每個人都得自己面對的事。

綜觀上述，做個結論，**沒有誰是另一個人不可分割的一部分**，當你這麼訴求的時候，其實你就剝奪了對方的主權，你認為自己才是對方的主人，你有權控制對方的想法與行動。而這正是危險情人的表現，他的行為總是在傷害與削弱對方的主權。

愛情確實會帶給人們各式各樣的複雜情緒，這很自然，但有個情緒，我們得要小心以對，那就是恐懼，**在愛裡，不該有恐懼。**

請記得，真正的愛，都不是用恐懼去維繫，當你以為那是愛的時候，其實你愛的只是你自己；當你以為那是愛的時候，其實愛情早已離你們遠去。

你明明丟下
我跟孩子落跑！
拜託，
我沒有這樣

《婚姻風暴》
Force Majeure,2014

如何知道對方是合適的人生伴侶呢？聽過一個說法——那就和他一起旅行看看吧！

想想不無道理，因為旅行路上提供了各樣的未知情境，考驗著彼此因應問題與合作的能力，如果連旅行的難題都難以解決，更何況是要攜手同走的人生道路呢？旅行好像是一場人格或關係的現形記，對方是什麼樣的人？我們是否合適？經過一趟旅行，好像能找到一些答案。

曾代表瑞典角逐奧斯卡最佳外語片的電影《婚姻風暴》（Force Majeure），就是這樣的一部關係現形記，透過旅行中遭遇的一場雪崩，讓人看見男女主角對於關係有著不同的需求，兩人面對關係衝突的處理方式也大不相同。

湯瑪斯（Tomas）一家四口，開開心心來到法國滑雪勝地度假，平時工作忙碌的他，終於有機會好好陪陪家人，但有時習慣難改，休假中仍不時查看手機，讓人覺得他心有旁鶩，不是專心投入在「此時此刻」，雖然身影相隨，但心似乎沒有「同在」的感覺。

而這種沒有「同在」的感覺，到了旅行的第二天，更加強烈。

那天中午，一家人在度假村的戶外餐廳享受大餐，忽然看見遠方山頭有雪崩，這難得一見的驚人景象，讓眾人紛紛拿出手機拍攝，可是這雪崩越來越大，還越來越近，甚至眼看就要直撲他們而來，餐廳人群開始騷動緊張，湯瑪斯的小兒子嚇到驚聲尖叫，不過湯

瑪斯卻一副老神在在，安撫家人說沒事，繼續拍攝眼前奇景，甚至還自信滿滿地說：「他們（雪）知道自己在做什麼。」

但真實情況超乎他的想像，滿天大雪直接朝餐廳而來，眾人大叫，一瞬間，畫面被巨大白煙吞沒。

等白煙散去，才知虛驚一場，真正的雪崩在餐廳前停了，撞上他們的只是被捲起的煙塵。這時我們看見，湯瑪斯的太太艾芭（Ebba）與兩個驚魂未定的小孩留在原地，三人緊緊抱著。

「爸爸呢？」小男孩這時問著。

原來，一直說沒事、要大家不要大驚小怪的湯瑪斯，竟在最後一刻拔腿落跑，而且還不忘帶走手機，卻留下了一家妻小。

回到現場的他，問著大家「沒事吧」，大家確實沒事，沒人因此受傷，但在妻子艾芭的心裡，有東西開始崩塌。艾芭並未明說心理感受，但從她的沉默與漸行漸遠的腳步，都反映著這事並未在她心裡過去，也反映出她對湯瑪斯的不滿情緒。

湯瑪斯其實並非不聞不問，只是他的語言僅僅觸及外在的「雪崩」而已，這也反映他的焦點都在「雪崩」本身，而非自己的「落跑」，他以為「雪崩」沒造成任何人受傷，那應該就沒事了，但真正危急的，其實是發生在太太心上的「雪崩」，而那全是因為老公的「落跑」所引起。

對艾芭來說，湯瑪斯的「落跑」，帶來許多負面想像，如：丈夫值得信賴與倚靠嗎？當危難來臨時，丈夫是否會只顧自己，而不顧家人？同時伴隨這些想像而來的，還有心底的負面感受，像是被拋棄感、不安全感等等。

可是湯瑪斯對此的處理是什麼呢？他當沒事一樣，事後完全沒提起自己的「落跑」。或許，他以為雪崩過了就過了，但他忽略太太心裡可能有的感受。

湯瑪斯的「落跑」行為，已是「不同在」的具體表徵，但他對於艾芭內在感受的忽略，又是另一層次的「不同在」，而這「不同在」讓艾芭更覺孤單難受吧！

這其實也是很多伴侶、夫妻面對衝突時的差異之處：**當衝突發生，男性容易聚焦在外在事件，但女性更關注事件所帶來的內在心理感受。**

於是我們看見很多爭執場景裡頭，男性不停解釋外在事件的起因、不停說明自己的處置與行動等等，但花了大把時間的解釋和說明，往往沒有讓對方好過一點，甚至引發更大的衝突。原因就在這些解釋並不能照顧對方內在心理感受。**對女性而言，她們重視關係中的「同在」，讓她們知道你看見她們的感受、你在乎她們的感受、你願意提供空間支持她們表達自己的感受，這些都能傳遞出你與對方感受同在的訊息，讓對方知道你與她的感受同在，對於處理衝突會有很大的幫助。**

若湯瑪斯多花一點心力，去照顧與安撫艾芭遭遇雪崩的感受，去關心「落跑」對艾芭造成的影響，表達自己對艾芭不安感受的接納，或許這場雪崩就能停止，它不會像滾雪球一樣，越滾越大。（但這樣電影只演十分鐘就要結束了，The show must go on….）

而為何湯瑪斯不這麼做呢？或許這牽涉到男性在關係中的重要需求。通常，**女性在關係中需要對方的「同在」，但男性需要的是「自尊」，他需要被對方尊重與敬重**。與老婆坦承自己的「落跑」，有如承認自己的脆弱形象，對湯瑪斯而言，這與傷害「自尊」劃上了等號。湯瑪斯為了不讓「自尊」遭受一點損害，他不會去開啟「落跑」的話題，那可是他不願承受的風險。在衝突中，男人的焦點，就如湯瑪斯一樣，時常放在捍衛「自尊」上，這模式在後頭的劇情上更加明顯。

既然湯瑪斯都不提，悶在心裡的艾芭，也得自己想辦法調適心裡的負面感受。

自己的情緒自己救。在晚餐時刻與友人的對話裡，艾芭笑談著中午的雪崩經歷，其中也提到湯瑪斯的落跑行為，不過艾芭的語氣並非一種哀怨、也不像是對湯瑪斯的怪罪與責備，或許那是她自我消化的方式，選擇用講糗事、好笑的方式來抒發心情，試著讓自己好過一些。

「他嚇壞了然後馬上落跑。」艾芭笑笑地說。

但湯瑪斯的反應，完全在她意料之外。

「沒有，我並沒有。」湯瑪斯回。
「有，你就承認吧！」艾芭說。
「不不不，我真的沒有！」湯瑪斯極力否認，不論艾芭怎麼說。

兩人來回幾次的各說各話，令同桌的夥伴都尷尬起來。

「你明明丟下我跟孩子，自己落跑。」艾芭講到有點動氣了。
「拜託，我沒有這樣。」湯瑪斯繼續堅持。

之前在太太面前都不認自己落跑的湯瑪斯，此刻在外人面前，為了捍衛自尊，更不可能承認呀！這太沒面子，也太失男子氣概了，他說自己不可能會是落跑之人，並認為是太太搞錯了，他把自己不敢承認的軟弱，說成是太太的認知有問題，這下可讓艾芭更難接受了！

現在擱在艾芭心上的，不是湯瑪斯的「落跑」，「落跑」或許已被原諒，但湯瑪斯的「否認」，此刻更令她困惑不安，內心的雪球，真的越滾越大了。

隔天艾芭一點也不想與湯瑪斯同行，決心一人去滑雪，但她一點也不快樂，甚至她落下眼淚，你我都知她心底真正的期待是與家人一起，她並不是來這追求獨處與自由，但她的心被困住了，她難以面對湯瑪斯的「否認」，而湯瑪斯似乎也無力、甚至沒嘗試

想要解決。

捍衛面子與自尊是重要的需求沒錯，但在親密關係中，它不是沒有代價，它犧牲的是親密，因為自尊會讓你在看見對方受傷的時候，選擇站在原地，不去靠近。

那晚，他們與另對情侶朋友相聚，湯瑪斯在聚會中有說有笑，但艾芭顯得心神不寧。忽然，她不顧當時大夥談話脈絡，再次講出前日碰上雪崩的遭遇。不同的是，前次說的時候，她還能有說有笑，但今晚的她透露的是更深層的情緒，她落淚說著自己的不開心，說著自己想快樂起來，但不知該怎辦的心情。

一旁的女性友人，聽著也難過起來，她心疼艾芭的感受，移動自己位置，坐到艾芭身邊，表達了自己的同理與同在。

但湯瑪斯呢？他的身子毫無動靜地坐在原地，依然坐在離艾芭最遠的位子。

他繼續否認自己的落跑（維持自尊依然重要呀），雖然他較不否認艾芭的認知，他說或許大家對於「落跑」的定義不同，他無法要求艾芭怎麼想，但他不覺得自己的行為叫做「落跑」。好吧！或許這就是「一個落跑，各自表述」的意思。

但說來，他話語的焦點依舊是外在事物、是行為本身。可是最大的問題在於，他始終沒有接住艾芭的情緒，他的心也離艾芭好遠。

最後艾芭拿出雪崩當時手機拍攝的畫面佐證，這下子鐵證如山，也沒有什麼各自表述的空間，在場的男性友人則用一種超理性的態度在分析湯瑪斯的心態，試圖為他解釋，想要化解尷尬氣氛，但越解釋越糟糕，聽來都像鬼扯，而且也搞錯重點，完全無濟於事，艾芭需要的是湯瑪斯的靠近，不是解釋。

此刻的湯瑪斯就像洩氣的皮球，不發一語呆坐沙發上，那一刻，是自尊的崩毀，他的樣子挫敗極了，他陷入自責的情緒，但也就更難給出艾芭想要的關照與安慰了。

細看這對夫妻面對衝突的因應模式，對艾芭來說，衝突需要被敘說、被討論，情緒需要被安撫。她的焦點不在事件本身，而是對方處理事件的態度，但湯瑪斯的迴避態度讓她對關係的信任大為降低，這對看重關係連結的她來說，是極為難受的事，她能做的就是透過一次又一次不同層次的敘說，來降低自我的焦慮，否則這些情緒不會消失，這是她為自己情緒負責的方式。

「湯瑪斯，你倒是說說話啊！」艾芭曾對沉默的湯瑪斯這麼說，她需要湯瑪斯溝通與回應、那是她確認對方與她同在的方法。

但湯瑪斯卻把艾芭的「說」，當成了對自尊的「攻擊」，因而忽略艾芭的「說」，其實是她調節自我情緒的重要機制。

每次演講提到這片，會後常有聽眾來跟我說，電影演的就是她們與伴侶互動的模樣，而在這樣的互動中，她們收到的，其實是對

方的冷漠與拒絕、是對方的疏離與防衛，而那一刻，心裡的感覺常是孤單。有時，更大的衝突反而是由此而起，就如電影中，造成艾芭內心巨大雪崩的，不是湯瑪斯的落跑，而是湯姆斯面對此事的處理態度。

在關係中必然會有衝突，我們可以用更正向的眼光來看待關係的衝突，將它視為關係成長的契機，因為衝突，我們才有機會更深入認識彼此，因為衝突，我們才能看見對方心裡真正的感受與需求。

衝突事件，未必會導致關係破裂，但裂痕的開始，往往是跟面對衝突的態度有關。

對男性而言，需要練習的是，在衝突中，創造與對方「同在」的感覺。你可以擁有自己的意見、可以不認同對方的想法，但想好好處理衝突，首先，你得讓對方知道，你關心與接納她的感受。

另一方面，也需要練習將對方的表達，看作是對方呈現自我感受的方式，而非是對自己的言語攻擊。因為若容易將對方的表達視為對自己的攻擊，我們很容易就會感到自尊受損，一旦自尊受傷了，我們只會更防衛，此時就更難去靠近對方，於是對方就更覺孤單，兩人互動就陷入惡性循環，難以前進。

對女性來說，需要練習的是，在衝突裡表達自己對對方的看重，練習讓對方知道，自己的話，其實不是攻擊，自己的需求是希望

對方貼近自己的情緒。

這麼說，並不是要我們在關係中委屈自己、忽視自己的需求與感受、以照顧他人的需求為先。不！尊重自己的需求與感受，依然是關係中很重要的事，當你失去了自己，就算活在關係裡，又有何意義呢？

但在關係裡，也不是只有自己，選擇進入一段關係，並不是要找一個人來配合自己（這不可能成功的），**選擇進入關係，意味著你選擇與對方合作，在這選擇尚未改變之前，為了一起走下去，你得移動自己的腳步，讓自己更靠近對方一些才行。**

「選擇一個伴侶，就是選擇一組問題，世界上沒有毫無問題的人選，重點是認知彼此的侷限，從那裡開始努力。」美國心理學家 Daniel Wile 曾這麼說。我喜歡他的說法，它提醒每個渴望愛情的人們，沒有人會是完美情人，關係不會只是甜美經驗的選擇，它同時也是承擔對方問題的選擇，因此衝突必然會有，但也因為衝突，我們能夠認知彼此的侷限，也是如此，讓彼此的努力有了起點。

你不會因愛
而受傷,
你可以一直保持
自己想要的完美形象

《心靈捕手》
Good Will Hunting, 1997

講到伴侶間的衝突，《愛的萬物論》（The Theory of Everything）裡的一幕，也是我常講的故事。

全球知名天文物理學家史蒂芬霍金（Stephen Hawking）一生致力於科學研究，企圖解開宇宙萬物起源之謎，他的成果也極受肯定，但霍金的愛情故事，卻像一道難解的愛情習題，而這習題還被拍成了電影《愛的萬物論》。

霍金曾有兩段婚姻，他與第一任妻子潔恩（Jane）在大學時期認識、交往、結婚，沒想到三十年後，兩人的婚姻走到盡頭，他們離婚。霍金後來與他的看護伊蓮（Elaine）結婚，但這婚姻僅維持十年，最後也是離婚收場。電影則是聚焦在潔恩與霍金的婚姻生活，整部電影就像在談他們從牽手到放手的過程。

霍金唸研究所時，被診斷出得到肌萎縮性脊髓側索硬化症（俗稱漸凍症），醫生甚至宣告他只剩兩年的生命，當時霍金可說是科學界的明日之星，大好前程在未來等著他，但無情命運的打擊，讓他難以接受，他不上課、不出門、失去生活動力，整個人像是自暴自棄，跌落谷底。從電影中，我們看見是當時的女友潔恩將他從谷底拉出，她的愛與陪伴給了霍金生存的勇氣，霍金才能繼續完成學業，也才有了日後的成就。

潔恩堅毅的性格，也讓她不畏艱難，縱使眾人反對，她仍堅持與霍金結婚，對她而言，愛情相知相守的至高性似乎毋庸置疑，就算前頭再多風雨，她的答案永遠堅定。

「我愛他，他愛我，我們的愛會克服一切。」她說。

但進入真實的婚姻生活，現實壓力卻是一點一滴消磨著愛情。病情日漸惡化的霍金，別說無法分擔家中勞務，就連生活起居的自我照顧也很困難，因此所有的生活重擔都落到潔恩身上，她得照顧霍金、照顧兩個孩子、打掃房子、同時她自己也還在念博士班，肩上扛著重擔的她，臉上的笑容已經消失，取而代之的是，不知何時能休息的疲憊神情。

有天，潔恩開車載著一家四口回到霍金老家與他的父母相聚度假。當他們抵達，停好車，霍金父親前來迎接，而潔恩開口的第一句話是：「這些階梯該怎麼辦？」

原來，從停車位置到屋子之間還有段不短的階梯，坐著輪椅的霍金根本無法上去。而霍金的老爸馬上說沒問題，他使力拉著輪椅，一階一階拉上去，邊拉邊說「看吧，這不是問題！」潔恩的表情則是有些無奈。

是呀！拉一次不是問題，但天天拉問題可就大了。對潔恩來說，這句「這些階梯該怎麼辦」，可能不是今天的問題而已，而是她每天帶著霍金出門都會問的問題。當時無障礙設施並不被重視，甚至連霍金工作的劍橋大學，也是因為霍金抗議多年後，才願意設置輪椅坡道。可想而知，他們若到各個地方，抬輪椅上樓梯這件事，都是潔恩的生活日常吧！

一家人的相聚時光，大伙正玩著比手畫腳的猜謎遊戲，霍金突然因為噎到食物而喘不過氣，相較一旁父母的慌張，潔恩迅速放下手裡抱著的小女兒，立刻去幫霍金拍背，才將噎著的食物拍了出來。潔恩敏捷的處理，反映著這是婚姻的日常，但這樣的日常並非沒有壓力，特別從霍金父母的緊張神情上，更能體會那就是潔恩天天在承受的情緒，她無時無刻都得擔心，自己的老公會不會一不小心就噎到而發生意外？會不會就在一口氣間，自己的丈夫、孩子的父親就會離開這個世界？

潔恩說霍金這樣情況不是第一次發生了，而她建議霍金需要專科醫生的協助，但霍金立刻就回「我不要看醫生！」霍金的父親見狀也附和地說：「那就不看醫生」，鏡頭轉到潔恩身上，她一臉倦容。

電影拍得很細膩，下一幕，我們看見潔恩獨自走進了樹林，她流下眼淚。一方面，那是她得以喘息的一刻，但另一方面，那眼淚也說了她的孤單與無助。她溝通了自己的需要，但霍金的態度十分抗拒，他連談都不願意。當他說「我不要看醫生」這話，或許是表達自己對就醫的排斥，但另一層面，這話彷彿也在說「有事就妳（潔恩）負責吧」、「妳（潔恩）繼續做吧！妳做得很好！」這樣的溝通完全忽略潔恩的辛苦，也無視對方所承擔的心理壓力。潔恩的溝通像踢到鐵板，她的疲憊與無助，對方都沒聽見，當對方不能接納你的感受，這就是關係中最大的孤單。

但潔恩還沒放棄溝通，在回程車上，她再次向霍金說著自己面臨

的難題，她說自己已經身心俱疲，又不忍孩子因此失去童年，她的語氣並非抱怨批評，同時她也提出建議，她認為只要找一個幫手協助，這些問題就能得到改善。說來，這是很清楚的溝通，她讓對方瞭解自己的感受與困境，而且她還不只是表達而已，更提供了實際建議，希望能和對方討論。

可是第一時間，霍金的回應是：「一切都沒問題的，我們就是個正常的家庭。」

原本還好好說話的潔恩聽完忍不住激動地回：「我們不是個正常的家庭！」她說了兩次，一次比一次大聲。

為何潔恩如此激動？重點其實不在潔恩所受的辛苦與壓力，重點在於從霍金的回應裡，她感受不到霍金對自己的體諒與關心。當他說「一切都沒問題的，我們就是個正常的家庭」，其實也否定了潔恩所遇到的困難，更甚來說，這話還有種「有問題，那是妳的問題，不是我的問題」的切割意味，因此潔恩聽來是更不舒服。

然而這不舒服還沒結束呀！看見潔恩生氣的霍金，接著又做了一個更糟的示範，他轉頭面對坐在後座的孩子，用輕蔑語氣笑著說：「你看！你媽又對我生氣了！」孩子聽了也笑了出來，在這小小空間裡，唯一笑不出來的，是潔恩。

她的心裡可能在流淚吧！自己的情緒再次被丈夫忽略，不僅如此，甚至還被拿來當作開玩笑的素材。我翻譯更直白點，霍金告訴孩

子的話像在說「你看！你媽這個情緒不穩的女人！」**把別人的情緒當玩笑，用輕蔑的態度面對，都是一種不在乎對方感受的舉動。**

美國著名婚姻治療學家約翰高特曼曾提過四種最破壞關係的溝通方式，他引用聖經啟示錄裡的典故，將這四種溝通方式稱為**關係破壞的四騎士，分別是批評、輕蔑、辯解、放棄溝通。**而在上述這短短幾分鐘的片段裡，霍金已經全快用上了。

霍金與潔恩的婚姻，還要好多年後，才會宣告結束，但一直覺得這場景，敲開了第一道裂痕。

而關係衝突能否有效處理，關鍵不在衝突本身（潔恩所承受的壓力），而是取決於雙方面對衝突的態度（霍金的回應方式）。

約翰高特曼曾說夫妻間的衝突，有近七成的問題難以解決。但這不表示關係就走不下去，我認為能一起走下去的方法就是，**讓對方知道你在乎他的想法、你接納他不舒服的感受，也許問題都不是一時片刻能夠快速解決，但就算如此，你也沒有把對方的困擾自動抹除，你更沒有覺得那是對方自己的問題，你知道那是你們要一起去面對的問題。**

所以，請記得，當另一半向你求救，當他說他覺得你們的關係遇到些問題的時候，請你不要馬上回：「這不是問題！」因為你無意間否定了對方的感受，同時也把責任丟給對方了。你可以試著把它當成是自己的問題，試著去體會對方的感受，讓他知道這是

你願意陪他去經歷的旅程，你是那個願意和他共渡難關的伴侶。在面對衝突的時候，你沒有放他孤單一人。

在衝突中，要男人放下自尊去靠近對方，有時好像比登天還難。這與男人習慣的競爭心態有關，若是自己主動靠近，就代表自己輸了。彷彿我們心中都存在一個要竭力捍衛的鋼鐵硬漢。在關係中，他絕不會輕易投降，不容許有一絲柔軟，他有著堅不可摧的自尊。

這讓我想起周星馳電影《大話西遊》片尾場景裡，城樓上一對男女的對話：

男子：「看來我不應該來！」
女子：「現在才知道太晚了。」
男子：「留下點回憶行不行？」
女子：「我不要回憶！要的話留下你的人！」
男子：「那樣只是得到我的肉體，並不能得到我的靈魂。我已經有愛人了，我們不會有結果的。妳讓我走吧！」
女子：「好！我讓你走可以，不過臨走前你要親我一下。」
男子：「我怎說也是個夕陽武士，妳叫我親我就親，那我的形象不是全毀了！」
女子：「你說謊！你不敢親我因為你還喜歡我。我告訴你，如果這次你拒絕我的話，你會後悔一輩子的！」
男子：「後悔我也不會親！只能怪相逢恨晚，造物弄人！」

他們分別站在城樓上的兩端，聽說就這樣對峙了三天三夜，誰也不願往前一步，但我覺得更有趣的是，也沒有誰走遠了一步，彷彿他們都害怕自己若是再退一步，那關係就永遠也回不去了，於是他們小心翼翼守著這距離，那是關係的最後防線，說著彼此心裡還放不下的牽掛，女孩看見了這點，她知道自己仍在對方心上，只是男子的嘴依舊死硬不認。

擋在他倆中間的，其實不是那幾呎的空間，而是男子自比的夕陽武士形象。他對自我形象毀壞的擔心，勝過了去照顧愛人的動力。「夕陽武士」不只隔開了他與心愛女子的距離，也隔離了他與真實自我的距離，內心的他也有柔軟、想靠近對方的一面，但武士的自尊，讓他無法回應自己心裡的真實感受，當然也就難以在關係中給予對方回應。

電影《心靈捕手》（Good Will Hunting）中，麥特戴蒙（Matt Damon）飾演的叛逆青年曾對羅賓威廉斯（Robin Williams）演的治療師說，他不想跟有好感的對象繼續聯絡，是因為他不想破壞那種完美的感覺。治療師反諷地說，「你這套哲學很好，這樣你就可以不用真正地去認識對方、去碰觸衝突，你不會因愛而受傷，不會因愛而變得脆弱，你可以一直保持自己想要的完美形象。」

說來，夕陽武士也是如此吧，他害怕碰觸自己內心的柔弱，而將真實的自我隱身在剛硬的外表之下。

你注意過自己在親密關係中呈現的形象嗎？這形象又如何影響你

的關係？是否曾經你也是個夕陽武士，有個放不下的形象，擋在你與伴侶的中間，擋在你與自己的中間？

《大話西遊》裡，在城樓下目睹這場景的孫悟空，明白了這點，他知道過去自己是如此傷過紫霞仙子的心，他也曾是個夕陽武士，硬是固守自尊，而忽略對方的感受。接著，電影最動人的地方來了，孫悟空吹起一陣黃土塵沙，在一片朦朧之中，他附身到了男子身上，然後我們看見男子拖著不太自然的腳步，勇敢回應自己的內心，大步無悔地朝女子走去。

真心覺得我們都需要這個孫悟空，在彼此僵持對峙的那一刻，幫助我們放下固執，勇敢溫柔地向對方靠近。

你只是
想和自己談戀愛

《客製化女神》
Ruby Sparks,2012

在愛情裡，我們常以爲自己愛上了別人，但有時候，我們愛上的，可能只是另一個自己。

電影開場不久，作家凱文（Calvin）在一次和朋友的聊天中，朋友問起他最近感情狀況，凱文說起一個年輕時讀過他書而想跟他約會的女孩，但他自己不是很有意願，朋友好奇原因，他說：「她有興趣的不是我，她喜歡的只是想像的我」。

凱文知道，有些人的愛情對象，只是自己內心的投射，但他沒意識到的是，其實他自己的愛情也是如此。

《客製化女神》（Ruby Sparks）描述陷入創作瓶頸的年輕作家凱文，在夢裡遇見一美麗女孩，而這場夢點燃他的靈感之火，一覺醒來文思泉湧，落筆寫下關於女孩的故事。

彷彿某種「道成肉身」（the Word became flesh）似的，有一天，他筆下的女孩露比（Ruby），竟活生生出現在他眼前。

起初，凱文以爲這是自己過度投入創作所產生的精神幻覺，但後來發現那可不是腦中的幻影，露比是眞實肉身的存在，而且關於露比的一切，完全就是他筆下的模樣。凱文只要在打字機上敲下動作，露比就會如實呈現，要她笑就笑、要她哭就哭。而這全然由他創造的人物，簡直就是完美女神，滿足凱文對愛情的想像與需要。

現實世界裡，或許不存在這種神奇打字機，但看來超現實的情節，卻也是一種人際與親密關係的眞實寫照，它將心理學上投射作用的概念加以具象化。投射作用，簡單來說，是指我們將那些屬於自己的特質，套用在他人身上，如此一來，對方不是對方，對方其實是我們腦中的所思所想。

於是，眼前的對方彷彿只是我們心智的受造物，我們是其創造主。**在愛情關係裡，這樣的投射更容易發生，如所謂「情人眼裡出西施」的現象。特別在愛情的迷戀階段，熱戀中的人們容易把對方視爲眞命天子或天女，當中需要區辨的是，我們是否把心中對於愛情的美好想像投射在對方身上，若是如此，對方只是我們想像的載體，甚至，我們從未睜眼好好將目光移至對方身上，看看對方眞實的樣子。**

當我們以爲自己是和對方互動時，但很有可能我們只是和自己心中想像的對方互動，等到實際互動經驗增加，對方不再符合自己心中的投射模樣，關係的考驗就要開始了。

因此當露比開始展現「自由意志」時，就讓創造者凱文緊張了，特別當露比的快樂不是來自凱文給予的時後，他更是焦慮，因爲露比不再是他心中想像的那個人、不再是滿足自我需要的完美投射，露比已經超乎他的控制。更令他恐懼的是，擁有自由意志的露比會不會就不愛他了，甚至離他而去？

而凱文如何面對自己的焦慮呢？他靠著那台神奇打字機，對露比

做了更多的控制，要她不能離開他。

但也因爲這些控制，露比被改造得不像她自己了，她失去原有的靈氣與神采。到後來，爲了證明自己對露比有至高掌控權的凱文，像是抓狂似敲打著那台神奇打字機，用他的文字（現在成了他的武器），奪走露比的自由與尊嚴，當他打出「露比像狗在地上爬」的字眼，露比就在地上爬。這一幕，徹底表現了關係中強勢掌控者對於弱勢者的物化，對方不再是個「眞人」，只是具有著機械化動作的軀體，說著跳針般的空洞語言，更甚者，只是任人戲弄的寵物了。

此時的凱文已經無法接納眞實的露比，他所做的事，呼應了電影前頭自己說過的話：「她有興趣的不是我，她喜歡的只是想像的我」，當時他向友人解釋爲何自己不與女粉絲交往。而現在的他愛的也不是眞實的露比，只是他想像的露比呀！

把凱文這心態描述得最精準的人，是他的前女友。戲中有一幕凱文與前女友意外重逢的場景，凱文心裡還是很不諒解對方當年的離去，於是他說著自己的受傷與生氣，但前女友後來對他說：「你只是想跟自己談戀愛，所以我就讓你去了。」原來她的離開，不過是對凱文的成全而已。說穿了，凱文最大的情敵是他自己，他像是希臘神話中愛上自己倒影的納西瑟斯（Narcissus），這也是英文中自戀一詞的由來。神話中，陷於自戀的納西瑟斯最終爲此付出了生命。

當你愛著的人，原來只是自己心中的美好投射，這不也是一種自戀嗎？

你以為對方是完美情人，但其實你只是把對方的存在，用來滿足自己對愛情的所有想像，你真正愛的，是你自己，不是對方，這就像一種自戀，而這自戀讓我們失去與人連結的能力。

或許，完美情人從來就不存在，除非，你覺得自己可以完全控制對方，讓他的一舉一動全照你的旨意，但我們從不是神，不是誰的造物主。關係中，我們該做的不是去控制對方，去與對方拼個勝負輸贏，我們能做的，就像凱文的前女友所說，她要的只是對方的在乎與關心。

當你發現對方不再是完美情人的時候，那代表著對方不再是你對愛情的美好投射，你們開始有摩擦、有爭執，關係變得緊張。但從另一方面來看，這卻也是真實關係的入口，它是一個機會，破除你的完美想像、破除你的自戀；它也是一個邀請，讓我們有機會放下自己，與真實的對方相遇。

「我說過我可以叫你做任何事。」凱文曾對準備離去的露比這麼說，這話徹底反映了凱文對露比的控制。

而說到關係當中的控制，很多人會想到電影《控制》（Gone Girl），其中峰迴路轉的劇情，讓很多看完的觀眾，說這是一部不能與伴侶一起看的電影，說它不但不能培養感情，還可能埋下陰

影與裂痕。

《控制》裡的尼克（Nick）與愛咪（Amy）是人人眼中的神仙眷侶，男的帥，女的美，兩人的相遇過程也有如童話，尼克用機智風趣的語言帶著愛咪逃離無聊派對，以救贖者的姿態，拯救愛咪脫離無趣乏味的人生，愛咪確實是這樣看著尼克，尼克的浪漫與才氣，好像一雙神奇翅膀，能帶著她經驗無與倫比的婚姻與人生。

但婚後的現實並非如此，為了照顧婆婆，他們離開充滿活力的紐約，回到寧靜小鎮生活。以前看來聰明詼諧的老公，現在卻變得死氣沉沉；過去很貼心，現在卻很自私。愛咪的人生就像被困在這小鎮，原本的她還是尼克口中的「酷女郎」，現在卻活得像深宮怨婦，更叫她難忍的是，這樣的犧牲竟還撞見老公的外遇，而且尼克還用一樣的把妹絕技，親吻著另一位「酷女郎」，原本那只屬於尼克與愛咪的親密儀式，如今完全崩解，愛咪的黑暗也全然爆炸，她已不在乎自己的死活，只要尼克付出代價。

一天，愛咪離奇失蹤，但警方調查發現尼克是最大的嫌疑犯，後來我們才知，這一切都是愛咪的計謀，這就是她要尼克付出的代價。

愛咪的設局讓天下男人看得不寒而慄，傻傻的尼克簡直成了待宰羔羊，而看電影的我們彷彿也有了替代性創傷，讓人看著自己愛人的臉龐時，不禁懷疑在對方甜美笑容背後，是否也藏著我們看不見的陰暗心事。

愛咪的認知與行為確實超乎常人理解，深入認識她後，你知道她不是外表所見的甜心女孩，而中文片名《控制》，更直接點明了愛咪在關係中的控制模樣。

但英文片名是《Gone Girl》，當然最表層意思，說的是愛咪的失蹤，也是整個故事最重要的起因事件。不過《Gone Girl》還有另一層含義，說的是好久好久以前，她早已是個消失的女孩。

愛咪的母親是知名童書畫家，她最暢銷的作品《神奇愛咪》，其中主角，就是以女兒愛咪為原型創造出的虛構角色，但隨著書本越受歡迎，「神奇愛咪」不再以愛咪為本而發展的角色，虛構的「神奇愛咪」反而成為現實愛咪要追逐的目標，當「神奇愛咪」考第一名，愛咪就得考第一名，當「神奇愛咪」參加了球隊，愛咪也要加入球隊。

母親創造出的角色，對愛咪來說，何嘗不是一種控制呢？

這女孩從小就像是戴上面具，活著父母期望她活出的完美模樣，她只是別人眼裡的「神奇愛咪」，她早已不是她自己。當她遇見尼克，以為這男人是帶她脫離這場假面派對的拯救者，但沒想尼克竟然背叛她，長期以來的壓抑都在此刻爆炸，她只想要對方徹底付出代價，至於她自己，那早已不是焦點，在她還是小女孩的時候，她的自我就已死去，現在的她，不過是活成他人期待的樣子而已。

把中文片名《控制》與英文片名《Gone Girl》放在一起，對照來看很有意思，它很巧合的說出控制行為對於關係的影響，**當一方在關係裡頭越控制，其實另一方就越容易變成 Gone Girl 或 Gone Boy 吧！**

你以為你愛對方，不，你愛的只是你想要的對方，而眼前的她，可能早已不是她，她戴上了面具，活成你想要她活的樣子。你的控制，其實正讓真實的對方一點一點地消失。

由美國知名演員強尼戴普（Johnny Depp）主演的電影《剪刀手愛德華》（Edward Scissorhands），裡頭有句出名台詞：「我愛你，不是因為你是誰，而是我在你面前可以是誰。」（I love you not for who you are, but for who I am with you.）我非常喜歡這段話，它給了我們一個覺察，幫助我們去思考，**在關係中，你重視的是對方的條件（你是誰），還是你們互動的品質（我在你面前可以是誰）？**

「我在你面前可以是誰」顯示了一段美好而自在的關係，這裡頭有著對方的開放與接納，讓我們可以放心嘗試各樣可能，一起在關係中探索與冒險，一起創造更豐富的生活。

願這句話，給我們一點勇氣，放下自己的控制，也給對方一點空間，讓另一半不再是個 Gone Girl 或 Gone Boy，在關係中，讓他有機會可以是他自己。

04

告別與前進

在你能接納自己「失去」的時候，
「失去」就不是自我的減損，
「失去」反而成了另一種擁有。
一個好的告別，其實也是給自己的祝福。

我們
在哪裡？

《樂來越愛你》
LaLa Land,2016

關於分手，你是怎麼跟對方說的？

很喜歡《樂來越愛你》（LaLa Land）裡，兩位主角討論分手的場景，但在說這段之前，我想先提導演達米恩查澤雷（Damien Chazelle）的前作《進擊的鼓手》（Whiplash），剛好裡頭也有一段分手戲，二者的差異，或許能給我們一些啟發。

「我就坦白說了，這就是我們不該在一起的原因。」這是安德魯的分手開場白。

《進擊的鼓手》的男主角，安德魯（Andrew）是音樂學院的大一學生，他的夢想是成為世界一流的爵士樂鼓手，為了全心追尋夢想，他必須心無旁鶩，因此打算跟女友分手，他和女友約在餐廳，一見面開口就說了上述的話。

「我要繼續追求我的目標，這會佔掉我越來越多的時間，我沒辦法花那麼多時間陪妳。就算我跟你在一起的時候，我還是會想著打鼓的事，你會因此而恨我，你會叫我少打鼓，要我多花時間陪你，但我沒辦法，我們會開始討厭對方……基於這些理由，我寧可斷乾淨，因為我想當偉大的鼓手。」安德魯繼續說。

「你覺得我會阻止你？你覺得是真的嗎？」女友疑惑地問。

「對。」安德魯說得肯定。
「反正我也幾乎見不到你，就算真的見到你，你也會把我當狗屎，

因爲我是不知道自己要什麼的女生，而你有未來的路要走，你會成爲偉大的鼓手，我會被世人遺忘，因此，你懶得理我，因爲你有更偉大的目標要追求。」女友回。

「我就是這個意思。」安德魯說。

妳若是安德魯的女友，聽完這些話，會有什麼感覺呢？

她難過，也很火大地回：「你是哪裡有毛病呀！」然後氣得當場走人。「被分手」當然不是好受的事，但在如此溝通下被分手，難受可能加倍。

電影呈現了安德魯不顧一切的追夢姿態，爲了讓自己成爲偉大的鼓手，他幾乎把全部心力都投注在練鼓上，犧牲了生活、犧牲了健康，任何會打擾他專心追求目標的事情，現在都被他當成了阻礙，就連愛情，也不例外。

爲了追求夢想而決定分手，這點無可厚非，每個人都會有自己分手的理由，但這溝通讓人生氣的地方在於，他完全沒給對方討論的空間，他的表達近乎無情，整場戲就像是安德魯自顧自唱著的獨角戲，女友只是被告知的對象，感覺當然錯愕。

更不堪的地方是，安德魯從沒問過她的態度，卻擅自幫她做了決定。在安德魯心中，她似乎是無法支持對方夢想的情人，是個只會打擾對方、要求對方、需要對方大量陪伴的女友，但這一切都

是安德魯的假設，女友不僅沒機會表明自己的想法，甚至連問都沒被問過就被判了愛情死刑，把她當成是夢想路上的阻礙，我想誰都很難接受這樣的事吧！

她在還沒有表達自己的時候，就已經被對方否定了。

嚴格說來，安德魯只是單方面告知，沒有雙向的溝通。我的意思並非說分手需要徵詢對方的同意，因為當你不愛了，其實誰也強求不得，只是安德魯從來就不知道女友對他追求夢想的真實想法，而這並不會給人尊重的感受。**就算你決定分手了，但尊重仍是你可以留給對方的東西。**

不過面對心中只剩夢想的男友，女友也沒有要與他多說或是挽留的必要了，他讓她失望，但也讓她認清他的模樣，這不是她想要的對象，他給不出她要的愛情。

《進擊的鼓手》裡的愛情，在夢想之前，卑微不堪。

不過這股低下姿態的愛情，到了《樂來越愛你》中徹底改變面貌，它從夢想的絆腳石，成了夢想的墊腳石。它在男女主角最落魄的時候，化身為接住他們墜下的安全網，在人們夢想破碎的時候，成了修補他們的黏著劑。相較《進擊的鼓手》對愛情的不友善，《樂來越愛你》可說是對愛情的禮讚，《進擊的鼓手》用泯滅情感的方式追求夢想，叫人看得驚心動魄、坐立難安，但《樂來越愛你》的逐夢路上卻不能沒有愛情，它的重感惜情，讓人看了溫

暖暢快。

男主角賽巴斯汀（Sebastian）是爵士鋼琴好手，夢想開著自己的爵士酒吧，用雙手自由彈奏心中的音符，但現實裡，他只是四處流浪、彈著自己也不喜歡的音樂、勉強糊口求生的樂手；女主角蜜亞（Mia）熱愛創作與演戲，夢想成為大銀幕上的耀眼明星，但現在的她，奔走一次又一次的試鏡機會，但也只是換來一次又一次的失落而已。為了生存，她在片場裡的咖啡廳打工，或許那就是她現在最能接近夢想的地方了。

離鄉背井的賽巴斯汀與蜜亞，以為能在好萊塢實現自己的夢想，但事與願違，他們不過是滿天星光中的一小點，誰能看見他們？誰會看見他們？

除了他們彼此。

在這座繁星之城，他們有的只是彼此的注視，而這注視帶他們超越現實的困境，成了他們繼續閃耀的理由。

沒有彼此的支持，他們或許早已放下夢想，與現實妥協，接受自己的平庸與挫敗。沒有彼此的支持，他們不會還走在夢想的路上，雖然跌跌撞撞，但仍一步一步走到夢想成真的大門。

但問題來了，一路並肩同行的夢想與愛情，終究還是來到分岔路口。就像《進擊的鼓手》，此刻的夢想與愛情，再次成了互斥的

兩極，安德魯爲了要成爲偉大的鼓手，他得要放下愛情，《樂來越愛你》裡的蜜亞也爲了專注接戲，無法分心照顧感情。這點說來，兩片有類似的觀點，導演捍衛著藝術工作者的自我實現價值，彷彿沒有事物能夠阻擋主角們對夢想的追逐。

不過差別很大的是，這對戀人的討論完全不同於《進擊的鼓手》。這回沒有無情殘酷的單向宣告，在風和日麗的戶外座椅上，他們有了對話。

「我們在哪裡？」蜜亞問。
「格里斐斯公園呀。」賽巴斯汀回。
「我是指我們。」蜜亞再解釋。

她想問的，不是身處的外在環境，而是兩人的關係狀態。此刻的蜜亞就像站在夢想大門前，等待機會多年的她，終於能大展身手，她需要的是放手一博，但她沒有爲賽巴斯汀作主，她想先討論兩人的關係，她需要知道賽巴斯汀怎麼想。

「我不知道。」賽巴斯汀說。
「我們該怎麼辦？」蜜亞繼續問。
「我覺得我們什麼也不能做，等妳拿到這個角色，妳得付出一切，這是妳的夢想。」他說出自己的想法，也支持女友全力以赴。

「那你要做什麼？」蜜亞關心著賽巴斯汀。
「我得照我的計畫走，留在這裡，把我的想法做起來。」他沒忘

記自己心中的夢想，看到女友如此努力的姿態，也給了他繼續追夢的勇氣。

蜜亞會到巴黎去拍戲，而賽巴斯汀說了自己會留在這裡。

「巴黎有很棒的爵士樂，妳現在喜歡爵士了！」賽巴斯汀對蜜亞說，蜜亞笑回：「對呀！」。

他們就要各奔東西，關係走到要說再見的時刻，但他們知道這段感情不會因為結束而變得蒼白，賽巴斯汀讓不愛爵士的蜜亞愛上了爵士樂，他把爵士樂留在蜜亞的心底，現在她對爵士的喜愛，都是她對這段感情的記憶，都成為她生命的一部分了。

「我猜我們只能等著瞧了。」 賽巴斯汀說。

或許蜜亞與賽巴斯汀都沒有最終答案，他們都不知道關係該怎麼走，這其實也是很多情侶的狀態，但在分手的處理上，他們做得很棒的一件事，就是**讓彼此有機會，澄清與表達自己的想法，讓對方能夠說出自己目前的狀態，傾聽彼此對這段關係的期待與想像。**

澄清之後，他們清楚了彼此的態度，他們知道彼此都無法放棄自己的夢想，他們深知夢想對彼此的重要性，也給予肯定，雖然這也意味關係就要走到終點，不過這並不代表彼此不愛了，他們愛彼此，也愛對方的夢想，對於陪伴自己多年的伴侶，他們給予充

分的溫柔與尊重。

「我會永遠愛你。」蜜亞給了最後的祝福。
「我也永遠愛你。」賽巴斯汀回。

結束這場對話的兩人，原本注視彼此的眼神，一起轉向了遠方，溫暖的加洲陽光，灑落他們身上。

蜜亞對賽巴斯汀說自己會永遠愛他，我想意思是不論未來日子如何，賽巴斯丁都在她的心裡留下無法取代的位置。這是兩人好好說再見的時刻，而這不僅是為了對方，也是為了自己。

一個好的告別，其實也是給自己的祝福，它代表著對過去自我的珍惜，也看重自己對關係的付出與努力，這些都不因為關係結束而消失，自我的價值也不因關係結束而破碎。兩個人從相愛到分開，不是自我價值的減損，更像是帶著被愛的確信，讓自己勇敢踏出步伐，這段感情的意義，在於讓他們經歷了自我的完整，而這成了他們向前走時，最踏實安穩的力量。

不同於《進擊的鼓手》裡的殘酷無情，導演在《樂來越愛你》裡沒那麼冰冷，這裡的夢想有溫度，這裡的夢想也有愛情的扶持。愛情不再是夢想的障礙物，在電影裡，愛情與夢想曾緊緊交織在一起，就像纏捲的麻花不停往前延伸，直到無法相伴的那刻為止。

雖然最後，夢想還是贏了。在夢想面前，愛情仍舊俯首稱臣，但

它的姿態不再屈膝卑微，這次的它，可是抬頭挺胸驕傲站立著。

「都要分手了，還有什麼好說的嗎？」很多人會問。

比較這兩部電影後，我的答案是肯定的。是的，其實我們可以好好地說，我們有機會處理得更好。

「我們在哪裡？」或許就從這話開始吧 。

《樂來越愛你》的片尾，蜜亞與賽巴斯汀在多年後重逢，蜜亞已是家喻戶曉的大明星，也結了婚，有了孩子。賽巴斯汀則擁有自己的爵士樂店，將他想傳達的爵士精神，發揚光大。美好的音樂，是他留給蜜亞的禮物，而蜜亞留給他的，是這間店的店名。

蜜亞跟著老公走進間爵士樂店，她完全沒預料到那是賽巴斯汀的店，直到她看見了店名「賽巴」（Seb's），心裡才激動了起來。那是她曾跟他提過的店名，但當時賽巴斯汀不想採納，他有著自己的堅持。可是現在的他，聽了當時蜜亞的建議，或許，這也是他紀念這段愛情的方式吧。

關於分手，我們都需要找一個屬於自己的告別儀式。

電影的最後一段，就像是一場他們說再見的儀式。蜜亞看著在台上說話的賽巴斯汀，賽巴斯汀也看見坐在台下的蜜亞，那一刻時間彷彿靜止，幾秒過後，他才說出：「歡迎來賽巴！」千言萬語

都在這一句話裡了吧。

他坐到鋼琴前，彈了蜜亞最愛的創作曲，音樂響起，燈光暗下，眼前的畫面，填補了大家的遺憾，那是他們另一段人生的可能圖像，在那裡，賽巴斯汀跟著她到了巴黎，兩人結了婚，共組家庭，有了孩子，一起粉刷布置著屬於他們的房子，他們看起來幸福快樂。

若那是他們擦肩而過的未來，想起來很是遺憾，但若當它是平行宇宙裡的場景，好像有點安慰。這讓我想起五月天的《後來的我們》，歌詞說：「在某處／另一個你留下了／在那裡／另一個我微笑著／另一個我們還深愛著／代替我們永恆著／如果能這樣想就夠了」

蜜亞可能也是這樣想的吧！這是她放手的勇氣，是她告別的宣言：有另一個我們，代替我們永恆著，就夠了。

她微笑著，眼角泛著淚光，五月天繼續幫她唱出心情：「無論是後來故事怎麼了／也要讓後來人生精彩著／後來的我們我期待著／淚水中能看到／你真的幸福快樂」

我一直愛著你，
我盡力了

《愛的萬物論》
Theory of Everything,2014

「以前你有邀約，都會第一個告訴我。」《愛的萬物論》裡妻子潔恩對霍金這麼說。

也是這一刻，她知道有人取代她在丈夫心底的位子。

潔恩與霍金結婚了二十五年，過去在霍金人生最低潮的時候，可說是潔恩一手將他拉出谷底。當時霍金得了肌萎縮性脊髓側索硬化症，醫生預言他只能再活兩年，霍金因此灰心喪志，每天把自己關在宿舍，不願踏出房門一步，但當時他的女朋友潔恩，沒有放棄希望，持續鼓勵霍金面對生活，她堅毅的態度讓人動容，才讓霍金繼續回到學校完成學業，到日後成了家喻戶曉的科學家。

而當年的潔恩不只陪伴霍金走出低谷，她還想跟霍金結婚，縱使霍金的父親極力反對，還找了潔恩當面溝通，他以為潔恩沒有仔細考慮清楚後果，無視醫生對霍金的病情評估，沒想到，潔恩的態度堅定，她知道這是自己清楚的決定，並非一時衝動，她不是天真地以為事情會很簡單，她知道往後的日子必然辛苦，但愛情裡相知相守的至高性，對她來說，好像毋庸置疑，就算前頭再多風雨，因為愛情，就能前行。

「假如你是潔恩，在這個時候會和霍金結婚的請舉手？」我常在演講中調查聽眾的態度。

年輕大學生族群通常舉手的人多，但若在已婚族群裡詢問時，舉手的人很少，兩者形成很大對比，或許對真正處在婚姻關係的人

來說，深知婚姻生活的難處與不易，對於給出承諾，現在就變得保守謹慎許多。

潔恩選擇結婚，反映了她堅定的意志。電影也拍出他們婚禮的場景，雖然沒有對話，只有畫面搭上配樂帶過，但看見他們穿著西裝與白紗走上紅毯、裡頭有牧師證婚、有眾人的祝福、有美麗的鮮花擁簇。我若是潔恩，大概沒有堅定的勇氣，說自己一定想和霍金結婚，但看完這段婚禮場景後，似乎對潔恩的想法多了一點理解，她並不是對霍金的病情視而不見，相反的，或許就是知道霍金只能活兩年，因此她希望在霍金有限的歲月裡，也能有婚姻生活的體驗，而希望自己就是那個能陪霍金走上紅毯的人，她也想把自己心裡最重要的位子，留給霍金吧！

結婚對身為基督徒的潔恩而言，是重要的生命立約儀式，並且那也是一個公開接受眾人祝福的機會，如此說來，這是婚禮很大的意義，她希望這段愛情是被祝福與肯定的。

兩人不僅結婚，還生了孩子。

「你們會生孩子的，請舉手？」我繼續問著剛剛舉手說會結婚的聽眾們，但現在幾乎沒有人舉著。大家說這太辛苦了，很難想像萬一霍金不幸過世，獨自撫養孩子所要承受的辛勞與壓力，但也由此再次可見，潔恩的堅毅性格，彷彿沒有事情會是她的阻礙，別人眼中的限制，對她來說，她從不願輕易降服，也不會放棄追求。

但隨著霍金的病情越加嚴重，手腳逐漸萎縮，他的生活自理能力越來越低，這也意味潔恩的負擔更重了，霍金無法自己進食，也無法自行穿衣，全得靠太太協助。電影有一幕，潔恩正幫霍金脫掉身上毛衣，但脫到一半，毛衣還罩著頭時，房外卻傳來嬰兒的哭聲，潔恩只好先去照顧寶寶，等她再回來，已經是兩小時後了，霍金的頭，就被罩住如此之久。

可想而知，一個家庭所有的勞務工作，如今都落在潔恩身上，她臉上過往的笑容，現在早已不見，鏡頭帶到她的時候，都已是滿臉疲憊。之後，他們又生了第二個小孩，也別忘了，潔恩自己同時也在攻讀博士學位，她並不是全職的家庭主婦，蠟燭多頭燒的情況，讓她瀕臨崩潰邊緣。

前文曾經提到潔恩跟霍金反映過自己的壓力，她希望能有幫手來協助，但當時的霍金，未能好好回應潔恩的需求，甚至他拒絕的態度，都讓潔恩覺得自己的感受是被忽略的吧，那其實是很深的孤單，潔恩不是要強人所難，要霍金來分擔責任，但若連自己的感受都得不到霍金的關心與照顧的時候，這段關係還剩什麼呢？

她愛霍金，她知道這是自己的選擇，在這段關係裡，她還有自己的承諾。

得不到霍金支持的她，仍需要找到壓力出口的潔恩，在母親的建議下，潔恩重拾以往的興趣，她愛唱歌，於是她參加了教會的詩班，因而認識詩班指揮喬納森（Jonathan），也請了喬納森來家裡

當孩子的鋼琴家教，喬納森看見霍金的情況，也看見了這個家庭的匱乏與需要，主動提及自己可以來當幫手，不同以往的是，過去總反對潔恩請幫手的霍金，這次竟然答應了。

「你需要幫手，我不反對。」霍金說。

這幕很感人，因為霍金終於回應了潔恩的需求，這表示他看見潔恩的辛苦，他願意跟她一起解決，收到這份心意的潔恩是感動的，她起身坐到霍金的身邊，她抱著他，讓先生知道她的感謝。但若細看霍金的表情，他其實哭了，這對他來說，似乎不是容易的決定。

「為什麼霍金哭了呢？」我們也常討論這問題。

或許一方面這意味著他得承認自己的無能為力，答應找幫手，就是真的承認目前自己的不足吧！另一方面，他可能也擔心喬納森的到來，可能造成他們婚姻關係的威脅，畢竟這男子四肢健全、溫柔體貼，他能給出潔恩許多自己不能給出的東西。但即便如此，霍金還是答應了，這一次，他願意放下自己的焦慮與擔心，先去回應太太的需求，說來，那是他給出的愛呀！

喬納森成了霍金一家的好幫手，能帶霍金一家出遊，分擔潔恩的勞務，甚至現在潔恩還能與霍金坐下好好喝茶，享受喬納森演奏的音樂，他們的生活品質因此得到很大的改善，潔恩終於也重展笑顏。但潔恩與霍金的婚姻關係確實也遭受挑戰，潔恩在喬納森

身上滿足了她無法從霍金身上得到的陪伴，曖昧的情愫在兩人中間悄悄滋長，但兩人並未說破這點，也僅維持著朋友關係。直到霍金與潔恩的第三個孩子出生，霍金的家人卻對孩子的生父有所質疑，甚至要潔恩說清楚講明白，這孩子究竟是誰的？是霍金？還是喬納森的？

難以承受他人質疑眼光的喬納森，決定離開霍金一家，但面對潔恩的挽留時，喬納森說了另一個決定離開的重要原因。

「我對妳產生感情了！」喬納森對潔恩說。

但讓我們張大嘴巴感到驚訝的是潔恩直白的回應。

「我也是。」潔恩說。

這可能是史上最詭異的告白場合了（當時的場景在潔恩的公婆家庭院）。

喬納森聽完，只說了聲謝謝，他知道，這是他更要離開的理由了。

潔恩對喬納森的情意，其實並不難理解，相較於霍金，他倆更像是共同生活、解決困難、相互支持的伴侶，在情感層面，她未否定自己的真實感受，但在承諾方面，霍金是自己的丈夫，她是霍金的妻子，她看重婚姻之約，看重自己許下的承諾，也因此她沒選擇離開丈夫，不管從哪個層面來看，其實這都是愛呀！而愛從

來就不簡單。

得知潔恩感受的喬納森，主動選擇離開關係，也是因為愛啊！他承認他愛潔恩，但他知道這個愛，若不小心可能會帶給潔恩的家庭傷害。雖然他愛潔恩，但他的愛，不是要把潔恩與自己綁在一起，他的愛，更像是種放手，不讓潔恩承擔更大的危險與責難。

你知道後來喬納森是怎麼又回到霍金家的嗎？

電影裡是霍金拎著啤酒去找喬納森，在這場哥們的談話裡，他拜託喬納森回來，原因是他希望潔恩快樂。

在我心裡，這是偉大的愛情故事。偉大之處，不是說主角們做了哪些了不起的事蹟，我覺得的偉大，是指故事呈現了愛情的複雜性，這裡頭的愛，都不是用片面的單一價值可以評論，它包含了愛的各種面貌，拓展著我們對於愛的想像。

但峰迴路轉的故事還沒完呢！

霍金因為肺炎動了氣切手術，但這也讓他無法再開口說話，失去口語表達能力的霍金，再次陷入生命的幽暗低谷，而潔恩依舊是那個堅毅的潔恩，她努力想把霍金拉上來，她教他使用讀字色版溝通，但這次不論她多努力，霍金都好難好難做到，兩人在當中都挫折無比，這也暗喻著兩人在關係中失去了溝通的語言，而當兩人無法溝通彼此心意，關係自然走向疏遠。

甚至在潔恩的表達裡，你會感覺霍金是個難搞的病人。

潔恩與霍金在溝通上遇到的挫折，與後來霍金與看護伊蓮的互動形成強烈對比，伊蓮的專業，讓她很快就能解讀霍金的心意，她能引導霍金表達，能接納霍金的感受、同時又欣賞著霍金的幽默，兩人的溝通顯得通暢愉快。

霍金的生活，重拾了笑容，只是這次帶他走出低谷的人，不是潔恩，而是伊蓮。兩人的關係越走越近，霍金在語言中也有意無意透露出對伊蓮的重視。

終於來到了那天。

「我問過伊蓮要不要跟我去美國，她會照顧我。」霍金告知潔恩。

其實霍金也非神經大條，在他要說出這話的時候，他猶豫了一會，才決定按出傳送鍵（此時的霍金已經無法說話，得靠電腦輔助發音）。他會猶豫，表示他知道這句話非同小可，若說出口，平靜的湖面就會起了風浪，但他似乎想賭一把，若潔恩沒有太大反應，彷彿也可矇混過關。

但關係改變的痕跡，就藏在這句話裡吧！敏感的潔恩解讀到了，她知道現在對霍金來說，伊蓮是更重要的人。因此她回了這句「以前你有邀約，都會第一個告訴我」，道出了潔恩的失落，她知道他們的關係，已經來到盡頭。

「又得了一個獎，我有什麼辦法呢？」他回。

一開始霍金仍打哈哈帶過，維持他習慣的玩笑姿態，卻完全忽略了潔恩的失落情緒，只是一昧地想替自我解釋，直到他看見潔恩的淚水在眼眶裡打轉，他收起了嬉笑，說出了「對不起」三字。

「幾年了？」他問。

「醫生說兩年，沒想到卻這麼多年。」潔恩說完，哭了出來。

霍金的眼裡也泛著淚水了，然後他推著輪椅往潔恩身邊去，陪著她哭泣。

雖然兩人情緣已盡，他們的關係走到了最後，但在最後一刻，他們靠彼此好近，在最後一刻，他們願意貼近彼此的悲傷，給彼此最後的溫柔與陪伴。

「我一直愛著你，我盡力了。（I always love you, and I did my best.）」潔恩流淚地說，聽完這話的霍金，哭了。

他們握著手，流著淚，一起哀悼逝去的愛情，哀悼這大輩子兩人一起走過的關係。戲外的人們，大概也是哭著看這段吧！

霍金與潔恩的分手場景，是我看過最動人的分手戲。每一次看，都還是很容易被當中的情感所打動。一方面是因為兩人最後的溫

柔陪伴，也許它過於理想，很少人的分手場景會是如此平和，但就是如此，才更覺得那裡頭的溫柔令人動容。

另一個被打動的地方，就是潔恩面對關係結束的態度。

霍金有了新歡，潔恩當然難受，但她沒有嘶吼，她只是流著淚對霍金說：「我一直愛著你，我盡力了。」

潔恩一向是為自己情感負責的人，從開始到結束，都是如此。因為愛情，她不顧疾病與死亡的威脅，勇敢與霍金結婚。結婚後，她承擔所有家務、全心照顧霍金生活，即便她曾對喬納森動了心，但她也未背棄婚姻誓約，直到霍金愛上伊蓮、她知道現在的自己，不再是霍金生活中最重要的伴侶了。

她當然很難受，但她依然為自己的感情負責、為自己的選擇負責。她沒有說「我這樣照顧你，你卻那樣對我？」「我這麼愛你，你怎麼可以背叛我？」「我這些年的付出算什麼？你怎麼對得起我？」

她只是說「我一直愛著你，我盡力了」。

她沒有要霍金為她的付出負責、沒有要求霍金因為她的付出就得給出相對的回報。她知道自己的行為是回應著自己心中的愛，她知道自己盡力了，意味著自己也不可能給出更多，而當自己盡力仍得不到這份感情後，她也得接納自己過去的付出、看重自己的

努力。

這當然不容易,而且好痛呀!

為此,我們應該大哭一場,那是我們對自己過去付出的尊重,那痛苦需要我們用力哀悼。

但請別一直把焦點放在對方身上,因為那終會讓我們失力。我們可以學習潔恩面對分手時所展現的態度,她把焦點放在自己的努力,而非他人的回應,她把焦點放在過程的付出,而非最後的結果。她知道自己盡力了,而她的努力不是由霍金的回應來證明,她知道她對得起自己,她的價值也不是因為對方離開就遭到否定。

分手時候,你看的是「自己的努力」,還是「他人的回應」?對你來說,「過程的付出」有價值?還是「最後的結果」才重要呢?

關係不是控制,我們永遠無法要求對方的回應。**要生出放手的勇氣,得要看見「自己的努力」、看重「過程的付出」才行。**

有人會問,這樣難道不是一種自我催眠與安慰嗎?但我想說,我們都要為自己活下去,我們的人生並不是依附在他人身上。**他離開了,我們的日子仍要繼續。這個視野的轉換,對我來說,不是廉價的自我安慰,它是深層的覺察,是對自我的疼惜,也是我們愛自己的練習,是我們能夠再往前走的動力。**

我們可以從霍金與潔恩的故事中，覺察與反思自己在關係中的樣子，不論是關係中的溝通與互動、面對關係生變的應對方式、特別是當愛情結束的時候，如何生出放手的勇氣。

這件事，當然沒有一定公式，每個人的生命經驗不同，處理的方式自然不同。但從潔恩的身上，或許可以找到一些參考：

一、珍惜、看重自己的付出：她沒有因為關係結束，或是得不到對方的回應，就認為自己過去的付出無用或沒有意義，反而她接納並珍惜自己的付出，她看見這些努力對自己的意義，這些意義不是建立在對方的回應上。當然，這不表示對方沒有回應時不會痛苦，一定很痛啊！只是她沒有因為這些痛苦，就貶抑否定了自己的努力，她知道就算對方沒有回應，她的努力、和努力所代表的意義也不會消逝。

二、接納無法掌控的結果：潔恩知道自己盡力了，而當盡了全力還得不到對方的心時，她知道時候到了。對這段關係，她知道自己無法付出更多，再多就是苛求自己了，既然自己無法付出更多，這就是她無法掌控的事了，她得要放過自己，她給出了接納，接受自己努力之後，但沒有結果的結果。

三、接納對方為自己的情感負責：潔恩一向是為自己情感負責的人，或許也是如此，她尊重霍金為自己的情感負責，她想要的是真誠的關係，而不是對方的虛偽與配合。再說一次，這不代表不痛啊！放手的勇氣，絕對不是「不痛的勇氣」，對我來說，不痛

不是勇氣，那可能是種逃避。

放手的勇氣，是帶著痛苦但仍往前走的勇氣。

關係有開始的時候，也有結束的一天。但**關係沒有未來，並不代表你們擁有的過去就沒有意義，那些曾有的美好，都已經存在你的生命經驗裡，是誰也拿不走的曾經。我們能做的是珍惜彼此給予的曾經，對於不能繼續陪伴的未來，最好的禮物，僅是祝福而已。**

「如果我們分手，那過去所經歷不是都沒意義了嗎？」有人問。

《愛的萬物論》片尾的最後一句台詞，給了我們一個答案。

在科學成就上備受肯定的霍金，日後得到英國女王的接見。但他去白金漢宮，晉見女王時所帶的伴侶，不是伊蓮，而是當時已經離了婚的潔恩。在電影前段，潔恩曾表達過自己對英國女王的喜愛，霍金沒有忘記這點，在這時候，他帶她去，也是一種回應。

話說起來，在這件事上，霍金也算有情有義，因為霍金之所以會有如今的成就，潔恩大半輩子的陪伴與照顧，是背後最重要的支持，沒有潔恩的付出，就沒有今日的霍金吧！因此在這榮耀的時刻，他選擇與潔恩共享，都表達著雖然兩人婚姻結束，但他仍舊珍惜看重兩人過去的相處，表達出他對這段關係的感謝。

當他們在皇宮的花園，潔恩對霍金說：「我們所經歷的一切，都很不凡吧！」潔恩的話，也肯定著他們共有的過去。

接著，霍金敲了手上的機器（這是他現在的發聲方式），潔恩湊過去問他在打什麼，我們才聽見霍金的電腦輔助語音，說「看看我們的孩子們」。然後，眼前是他三個風度翩翩、亭亭玉立的孩子，迎面走來，這是他們愛情的結晶，是他們留給世界的禮物。

「看看我們的孩子們」是電影的最後一次台詞，但英文的原文，說是「Look what we made」（看看我們做的吧）。

電影結束在這句，很有寓意。過去的經歷有沒有意義，其實就取決於「Look what we made」吧！整部電影讓我們「look what they made」，縱使他們沒有未來，但我們都看見他們經歷與成就的一切，雖然他們走向分離，但他們的過去與故事，並不是一片荒蕪，他們曾有的快樂，仍存在他們的生命記憶裡，他們沒讓任何人抹去。

因為他們的珍惜，就保存了過去的意義。

「Look what we made」，你在逝去的愛情裡，看見了什麼呢？看看你們經歷的曾經，那裡頭的故事，都讓你成為現在的你。

翻過這頁，
也許我們會有
嶄新的結局

《曼哈頓戀習曲》
Begin, again, 2013

看過《曼哈頓戀習曲》（Begin, again），或許都會好奇一個問題：
爲何女主角葛莉塔（Greta）最後選擇不跟前男友戴夫（Dave）復
合？

看來葛莉塔對戴夫應該還有感覺，過去的她也爲這段關係投入許
多，倆人又相扶相持那麼多年。是因爲戴夫偷吃，就讓她對這段
關係不抱希望了嗎？

當然，伴侶的出軌，對關係有絕對的破壞性，但片中的葛莉塔也
說過，這件事雖是阻礙，可是她並不想因此放棄關係，她仍希望
兩人能夠一起走過難關。

或許，男友外遇不是最具決定性的因素，否則她之後不會答應碰
面、也不會去聽他的演唱會。但她一定感覺有地方不一樣，而她
回不去了。

葛莉塔之所以會離開英國家鄉來到紐約，沒有別的原因，就是爲
了陪伴男友戴夫。但也是創作歌手的她，過去一直是戴夫的音樂
夥伴，以前他們平起平坐，甚至葛莉塔的歌曲還更顯光芒。但如
今，戴夫成了眾人簇擁的搖滾巨星，而葛莉塔卻像是唱片公司的
打雜小妹，幫著眾人買咖啡，雖然大家知道她是戴夫的女友，但
沒人尊重這角色，搖滾巨星的女友，彷彿意指她只是其中一位比
較幸運的歌迷，有幸得到國王的寵愛，如此而已。

「連老家的人都叫我戴夫柯爾的女友了，我們以前不是搭擋嗎？

是怎麼了？」當戴夫走紅之後，葛莉塔曾跟好友這麼抱怨過。

他們的關係已經失衡，但葛莉塔起初並未察覺，甚至她願意為男友改變至此，直到她發現男友在外出軌，或許她才意識到自己承受許多委屈。

說來，在這段感情裡，她迷失了自己。

我們不知這是否是她慣有的愛情模式，但至少目前和戴夫的關係是如此，**她像是對方人生的配角，卻不是自己人生的主角**。而在電影後續劇情中，她錄製了自己的唱片，透過一首一首的歌曲，她像是一步一步找回自己的能量，她唱出屬於自己的動人樂曲，就像是為自己發聲的象徵，讓她看見她也可以成為自己人生的主人。

雖然葛莉塔仍對戴夫有愛意，但她知道自己不一樣了，她知道如果沒有離開，留在這段愛情裡，她又會回到老舊的模式，再次成為對方的配角，而那已經不是現在的她想要的了。

有時候，一段關係的結束，不一定是你不愛了，卻是反映你知道有東西回不去了。你知道得要割捨，你也知道那會讓你掉淚，但你更知道離開的意義。離開，是因為看見更美的風景，那裡有著更好的自己；而留下，只是重演著過去的僵固互動，讓你看不見自己。

說說葛莉塔發現戴夫出軌的場景。

當時，在洛杉磯錄製新專輯多時的戴夫回到紐約家中，葛莉塔見到許久不見的男友，很是開心，兩人擁抱相吻，開了紅酒，慶祝久違的相聚。談話中，戴夫提到他在洛杉磯有了靈感，還寫了首新歌，想播給葛莉塔聽。音樂響起，一開始葛莉塔入神聽著，但沒多久，她的表情從歡喜變得困惑，忽然，她冷不防地給了戴夫一巴掌！戴夫氣得摔下手中的酒杯，還口出惡言罵了葛莉塔一句。

可是當一切都安靜下來後，戴夫說出的話卻是：「妳像是有他媽的讀心術。」

葛莉塔的直覺對了，她聽出耳邊的這首情歌是寫給別人的，最後，戴夫承認這首歌是寫給剛認識不久的女助理，他們在洛杉磯工作時產生了感情。

難以接受的葛莉塔，當晚就收拾行李離開她與戴夫的住處。未來要怎麼走，她還不知道，但她清楚此刻的自己得要離開才行，她無法留在原地，面對一個在關係中傷害她的人。

葛莉塔因為聽到戴夫播放的新歌，發現了男友的出軌。這場戲常成為我們討論的話題，一來是好奇葛莉塔怎麼聽出來的？二是拿寫給小三的情歌，放給正牌女友聽，戴夫究竟在想什麼？

葛莉塔怎麼聽出來的呢？很多人覺得這首情歌的詞曲，都不像在

描述葛莉塔與戴夫的關係，他倆已經相戀多年，都像是老夫老妻般的伴侶了，但這首歌裡傳達的情感，更像是一段初戀的激情，對音樂很敏銳的葛莉塔，大概也聽出當中的差異吧！

而另一個我覺得電影有埋下的伏筆，其實是戴夫提到的「靈感」，在之前的劇情裡，戴夫曾在唱片公司會議中對大家說過，葛莉塔一直是他創作的靈感來源，或許這意味著愛情一直是戴夫的創作動力，而現在的他說，自己在洛杉磯找到了「靈感」，似乎暗示著他動了心，有了新的戀情。

這可連結到第二個我們常討論的問題：明明是寫給小三的情歌，卻放給正牌女友聽，戴夫是故意這麼做，想讓女友發現？還是只是白目，湊巧被敏銳的葛莉塔抓包而已？

好玩的是，底下夥伴的反應總是兩極，有人說是故意的，有人覺得不是。當然這不會有標準答案，我也不知戴夫真正想法，但這是一個自我覺察的時刻，這問題能幫助我們整理自己的感受，思考自己看待事物的眼光。

如果戴夫是故意的，你如何看他這樣的行為呢？想藉此讓女友自己發現，或許反映他自己無法主動向女友坦承愛上別人的事實，他無法決定是要繼續、還是要分手，而把做決定的責任轉嫁到葛莉塔身上。

和很多個案的談話中，常會聽見他們告知對方分手的方式，也確

實有人會用間接告知的方式，讓對方自己發現，如劈腿的男友，故意把手機留在桌上，讓女友自己發現手機裡的曖昧簡訊，因為他不知道該如何分手，而他心想，若是對方發現了，就會自己主動提分手，這對他來說，無不是一種可行的方法。

但這做法，你很難說是一種負責的做法，因為你把自己難以做出的決定，留給了別人，讓別人來決定你的決定。

若他只是不小心被抓包，你又如何看待他的心態？拿寫給小三的情歌，放給正牌女友聽？

說來，不論是小三還是正宮，若得知真相，可能都是難以接受的吧！這裡都顯出戴夫其實是很搖擺的人，他不太知道自己真正要什麼，不只是他的音樂，他的感情更是。他的音樂，迷失在眾人的掌聲中，他擔心音樂不受歡迎，勝過對美感的追求。他的愛情也是如此，他只想討好眼前的人，更勝過真誠面對自己心中的感受。

這可能也是最終葛莉塔覺得這段關係回不去的原因之一，原來她所愛之人，是一個難以為自己感覺負責的人，可是葛莉塔一直都是很為自己感覺負責的人呀！她從頭倒尾都很清楚知道自己所要的、所愛的。她渴望在關係中，對方也是如此，她會希望對方也是勇敢面對自己感覺的人，但戴夫不是，至少現在不是，甚至戴夫在這方面可能還顯得軟弱。

好吧！那就算他是故意的，我們又奈他何？

我的想法是，其實在愛情世界裡，本來我們就無法要求他人，但他的故意或不故意，都告訴我們他的態度，也說明了他是怎樣的人。我們能掌握的只有自己，我們要擔心的是，我會不會只是假裝不知道他是這樣的人？假裝不想面對這事？

如果我們知道，那剩下來就是我們的事了。

這不是被動無奈的說法，而是我們拿回掌控權的姿態。**不論離開還是留下，都會有困惑與不安，但只要那是屬於我們自己的決定，我們願意為自己負責，我們就會多一絲力量去承擔。**

「你想跟這樣的人在一起嗎？」這問題，我們需要好好問自己。葛莉塔的答案，值得我們想想。

你有憂傷、痛苦，
別去扼殺它，
也別抹煞掉
你感受到的喜悅

《以你的名字呼喚我》
Call me by your name,2017

談《曼哈頓戀習曲》的時候，我很喜歡用披頭四（The Beatles）的《Hey Jude》裡頭的一句歌詞當結論：Take a sad song and make it better.

我的翻譯是：把你的悲傷唱好唱滿。

這是片中男主角，音樂製作人丹（Dan）在做的事，他幫女主角葛莉塔的悲傷，盡情地唱好唱滿。葛莉塔自彈自唱的悲傷曲調，在他耳裡聽來是珍珠般的至寶，在別人聽來，只是單一的聲線，可是他已經幫她想好了所有的器樂編曲，他聽見別人還沒聽見的豐富聲軌，他知道這歌聲有著無限可能，遠比她自己知道的還多。丹讓葛莉塔的音樂有了更豐富的色彩、幫助葛莉塔的作品從私密的喃喃自語昇華為人們共通的情感。音樂製作人的工作，某種層面就像心理治療師一樣，讓作者的內在經驗能被充分優雅地表達，製作一首好的歌曲，就像是促發一次深刻的敘說，讓說者與聽者，互為主體地共創一首曲子的意義。

片中葛莉塔的好友，史蒂夫（Steve）也是在做這件事，繼續幫她唱好唱滿。當葛莉塔向他訴苦，兩人抱怨了戴夫種種行徑之後，葛莉塔還是忍不住地說：「但我像傻子一樣地愛著他。」

明知對方很糟糕，可是自己還是像個傻子愛他。這常是我們會出現的感覺呀！可是當我們跟朋友說時，往往也沒有好結果，甚至在朋友的回應中，覺得自己更糟糕。

但是她的好友史蒂夫並沒有責備、或否定她，反倒像是接納地跟她說：「你不傻，而且這聽來就像一首好歌。」

他鼓勵她把這首歌寫下來，意思就是把自己心中又愛又恨的矛盾感覺都好好說出來。

說出來重要嗎？

很重要呀，說出來自己才有機會經驗、重整這些感受，電影裡這些感受最終成了動人歌曲。對我來說，整部電影就是葛莉塔透過朋友、製作人的協助，把自己的情傷唱好唱滿的過程，而在過程中，她也一點一點聽見自己的聲音，找回自己的力量，於是她的步伐可以往前邁出。她會不捨而流淚，可是她也有勇氣不再眷戀。

在真實世界裡，好好說出我們的受傷感受也很重要，有時候，說出來才能感受到自身的重量。當然，對象很重要，當自己的感受能被對方接著，身上的擔子好像就會輕了些。

《曼哈頓戀習曲》的唱片製作人，讓我對心理師多了一幅象徵圖像。當個案跟我們說著他的悲傷，但我們聽見的不只如此，就像丹在聽葛莉塔唱歌時，大腦中浮現的編曲想像，我們也要聽見對方沒聽見的鼓聲、琴樂聲等等，而你知道，當歌聲加了這些樂器之後，它會成為動人的歌曲。**當對方的感受能夠被好好敘說的時候，那些感受也有可能成為他生命裡的珍寶，他的感受能顯出層次、他的感受也會帶來力量。**

心理師的工作，也是在幫個案，把他的悲傷說好說滿吧！「你不傻，而且這聽來就像一首好歌。」也是我們想說的話。當你悲傷失望的時候，好好地唱出來吧！當你的心（感受）配上了旋律，可能就有動人的力量。或許，我們不會歌唱，那試著好好地說出來也行，也許有個聽眾能夠聽懂，也許有個聽眾能夠體會，也許，有個聽眾因此被你打動，你們的世界就繼續往前走了。

如披頭四唱的：「Take a sad song and make it better ／ Remember to let her into your heart ／ Then you can start to make it better」（把你的悲傷唱好唱滿，記得把它唱到你的心坎裡，然後你的世界，就會開始好轉）

另一個把悲傷唱好唱滿的例子，也是我很愛的電影片段，來自《以你的名字呼喚我》（Call me by your name）裡的父子對話。

「為人父母，都希望孩子的痛苦能快點結束，祈禱他們能夠繼續往前。」父親對情傷的艾里歐這麼說。

「但我不是這樣的父母。為了讓傷心早日癒合，我們幾乎失去了自我。於是不到三十歲，我們的心早已空了，雖然你還會遇到其他人，可是你能給出的越來越少。為了不要有感覺，而拒絕一切感受，這太可惜了。」

那時兒子正承受愛人離去的痛苦，當父親看見兒子走來，原本正在看書的他，做了一個令人印象極為深刻的舉動，這位父親把手

上的書用力丟開（注意！他不是放下而已），這動作像是強烈的肢體語言，明確地告訴著孩子：沒有事情會比現在我們的談話更重要，沒有事情會比眼前的你對我來說更重要的了。

而對話的內容更是展現接納的態度，接納什麼？接納孩子傷心的感受。

他沒要孩子的傷快快過去，沒要他別想那麼多，沒要他把眼光放在未來，或說好好讀書要緊。他接納孩子可以有傷心的感覺，也鼓勵孩子與自己的感覺共處，他告訴孩子為了逃避痛苦而不去感受，那我們會失去更多。

「你要怎麼過你的日子由你決定，只要記得、我們的身體和心靈只能活一回，有一天你的心會累，而你的身體，到了某一天，就沒有人想看它，更別說靠近它。」

青春的心靈與身體，只會有一次，父親也表達接納孩子盡情揮灑青春的模樣，他也欣賞那樣的美與價值。

「現在，你有憂傷、痛苦，別去扼殺它，也別抹煞掉你感受到的喜悅。」父親最後說。

父親溫柔地承接艾里歐的痛苦，沒有批評與攻擊、沒有忽略與輕看。他鼓勵艾里歐去經驗這些痛苦與憂傷，他深知這些情感是身之為人最重要的部分，是他無論如何都不希望艾里歐失去的部分。

這段非常動人的談話，在我心裡是父母處理孩子情傷的最佳典範。而我跟那孩子一樣，聽得淚流滿面。

電影最後給了近四分鐘的單一鏡頭特寫，拍的全是艾里歐的臉，它要我們無法閃避地去看他的眼淚、要我們與他的痛苦同在。這也像在邀請我們，**在自己受傷的時候，好好去看自己的眼淚，勇敢地去貼近自己的感受。那些在我們生命中因愛而來的憂傷、痛苦，我們也無需扼殺與逃避，那些感受需要我們溫柔地承接與陪伴。**

還有一部也是情傷代表，那就是改編童話睡美人的《黑魔女》（Maleficent），森林裡的守護仙子梅菲瑟，遭到所愛的人類男子欺騙背叛，男人為了自己的權利慾望，砍斷了梅菲瑟的翅膀，為求換取王位。

斷了翅的梅菲瑟，成了暗黑的森林女王，她統治的國界佈滿荊棘，黑暗籠罩著大地。為了報復男人的背叛，她給國王的女兒下了咒語，而唯有真愛之吻，才能解救公主。她心想，世上不可能有真愛之吻，那只是男人的謊言，這個咒語根本不會有解。

黑魔女的處境，其實也是我們在感情中受傷後的處境，她的憤怒，也是我們的憤怒，她的黑暗，也是我們會有的黑暗。她創造荊棘，我們也築起隔離的高牆，她不再相信愛情，我們也曾失去愛的想像。

我們其實需要時間去經歷與陪伴自己的黑暗。好心情從來不是否認與忽視這些黑暗能夠換來的，若能好好認識這些黑暗，從中有些體會，我們就有機會成為一個更完整的自己。

而解藥從來不會在那個離開你的人身上，也不會在未來的白馬王子、白雪公主身上。其實我們都知道，是在我們自己身上，只是它真的需要花點力氣才有辦法找到，但你知道嗎？一旦找到後，就不是別人可以輕易奪走的了。

梅菲瑟最終找回了她的翅膀，她找到比報復更重要的事，她的生命有更值得追尋的目標，比懷著恨意更寶貴的價值，她不想因為一個男人，就讓自己的國度只有黑暗，沒有色彩與光明。

也許有一天，我們的愛也會結束，好像黑暗來襲，我們能做的，是在黑暗中，好好陪伴著自己，對自己說：我失去他，但我不想再失去自己。

這不是個
愛情故事,
這只是一段關於
愛的故事

《戀夏 500 日》
500 Days of Summer, 2009

「今天的歡樂／將是明天創痛的回憶」（羅大佑，《戀曲1980》）

有人說愛情在關係未明的曖昧時候最美，那種若有似無的微妙情愫騷動著渴望愛情的心。但一段模糊不清的親密關係，有時卻也是人們受苦的來源。一旦一方想打破曖昧關係的恐怖平衡，試圖從幽暗走向光明，卻得不到對方同等回應時，關係的天平就傾斜了，那些過去讓自己心跳的戀愛徵兆，此刻反倒成了自作多情的難堪，那種真心換絕情的打擊，活生生地要將自我吞噬。

羅大佑《戀曲1980》裡的歌詞，預告了這樣的心情。而這也是電影《戀夏500日》（500 Days of Summer）裡男主角湯姆（Tom）的感覺吧！

好萊塢新生代才女才子柔依黛絲香奈（Zooey Deschanel）、約瑟夫高登李維（Joseph Gordon-Levitt）主演的電影《戀夏500日》，透過男主角湯姆的視野，描述他與女主角夏天（Summer）相遇五百日裡發生的故事。

但這可不是浪漫甜美、有著幸福結局的童話故事，電影透過旁白開宗明義說了：「這不是個愛情故事，這只是一段關於愛的故事。」彷彿愛情故事會很甜美，但愛的故事卻是殘酷。對湯姆而言，甜美的是兩人的相處有深刻難忘的回憶，夏天滿足了他對愛情的所有想像，他們喜愛同一支搖滾樂隊、牽手在IKEA裡玩起角色扮演、他們聊天、親吻、做愛，做了所有情侶都會做的事，對湯姆而言，毫無懸念，這就是他想要的愛情，無疑地，夏天是他的真

命天女。

但殘酷的是，這段他全心投入的關係，在夏天心中卻非如此，甚至，她說連情侶都不是。

那晚，湯姆與夏天在酒吧裡聊天，有一男子過來與夏天搭訕，對方未把湯姆放在眼裡的態度，讓湯姆十分不滿，兩人起了衝突打了起來，湯姆的臉還因此掛彩。而原以為自己宣示主權的舉動，會得到女友的支持與同理，沒想到夏天竟一點也不同情，反倒覺得湯姆的行為愚蠢，回到家後，兩人有了爭執，湯姆難接受自己挨了皮肉之痛，卻換來對方的冷漠無情，他要夏天把話說清楚，結果夏天回：「我們只是朋友。」

「夠了，不要跟我來這套，想都別想，對待朋友不是這樣，朋友個屁。」湯姆更難受了。

「湯姆，我喜歡你，只是我不想談感情。」夏天回應。

「不是只有妳有說話的權利，我說我們是一對，媽的！」湯姆氣炸了，說完轉身走出夏天家門，轉入如迷宮般的螺旋梯間裡。

湯姆的痛苦，大概是所有掉入愛情漩渦裡的人們，最怕遇上的事。原來關於「我們」這回事，只是自己的一廂情願，原來在對方心中的「我們」竟是潰不成形，這也是後來湯姆看見當初自己寫下的那張「I love us」（我愛我們）的卡片時，格外心碎的原因吧。

湯姆極力想找出關係生變的原因，是對披頭四成員喜愛的程度不同？還是對於電影《畢業生》裡的結局和夏天有著不同的感觸？過去對方的每個細微動作與眼神，都是愛意的表現，但分手後，現在想來全變了質，那些舉動，可能都暗藏關係裂痕的線索了。

湯姆曾說他並非不能接受兩人沒有明確定義的情人關係，但他需要的是，關係裡的一致性，不要上一刻是親密愛人，下一刻卻是最熟悉的陌生人，這樣會讓他無所適從。

他需要的一致性，其實也是關係裡的一種承諾，但偏偏那是夏天給不出的東西。彷彿愛情 DNA 完全不同的倆人，也註定走向沒有明天的未來了。

「愛情這東西我明白，但永遠是什麼？」又是《戀曲 1980》的歌詞，但這回唱的是夏天的心情。

「我看你該寫一本書。」同事對失戀的湯姆說。
「什麼？」湯姆不解。
「亨利米勒（Henry Miller）說把女人忘掉最好的方法，就是把她變成文學。」同事解釋。

雖然湯姆沒有採納同事的建議，但我覺得他做了一件與寫作本質類似的事情，就是敘說。整部電影，就是湯姆說著他與夏天的故事，而電影時序並非是線性發展，更像是無規則的跳躍，一下前、一下後，這敘事手法，讓觀眾化身為關係偵探，得從四散的片段

中找出關係演變的路徑。

有趣的是，這種時序雜亂、悲喜交錯的說故事方式，跟在諮商室裡聽到的失戀故事很像，它從來就不會是一個按正確時序說出的故事，而這正反映著失戀人們經歷的內在混亂，或許，關於失戀的故事，總是難以說個清楚吧，總有太多疑問，和更多無法得知的答案。

零碎片段的故事，其實就像破碎的心，當我們拾起一塊一塊的片段，拼湊出完整故事的同時，也是破碎之心，一塊一塊拾起修補之時。

湯姆敘說自己與夏天相識相遇的過程，也是一步一步檢視澄清自我愛情觀的時刻。對湯姆來說，他一直以為自己與夏天的相遇，是命中註定，夏天就是他的真命天女。但這一切原來只是幻影，就如吳爾芙（Virginia Woolf）形容的愛情：「是一個人在心裡編織一個關於另一個人的故事。」湯姆也編織了他的夏日之戀，直到真相撕裂這幅編織。

而湯姆是如何編織這個故事？又為什麼會是這樣的編織法呢？

他的愛情信仰告訴他，偶然與巧合必有其奧秘與天意，遇到真命天女，人生就會幸福美滿，而他在片中第一個得到的徵兆卻是，夏天跟他都喜歡史密斯樂團（The Smiths），說來其實有點荒謬，因為在兩人最早的聊天裡，其實就表達出兩人對愛情有南轅北轍

的看法，湯姆相信浪漫，但夏天不是，她喜歡單身的自由自在、隨心所欲，她對於要成為他人的女友並不自在，她也不願意碰觸感情裡的麻煩事，對承諾不感興趣，對婚姻不抱期待。其實夏天的話很清楚，但湯姆選擇用曖昧的音樂品味來證明他們是天作之合，更勝過對方親口說出的不愛宣言。

「好吧！她說不想談戀愛，那為什麼她和我做這些事？難道牽手、接吻，做愛，也沒有意義嗎？有誰會這樣呢？」湯姆心裡可能會有這些聲音吧，他想用一般人的認知來解釋這段關係，來證明夏天應該是愛他的。

這也是很多個案在晤談時，曾有的懷疑，他們會問我類似的話：「難道你會這樣嗎？一般人都不會吧！」

我無法替一般人回答，或許我可以說出自己的答案，但這其實無濟於事，因為和他談戀愛的人，並不是我，也不是其他一般人。和湯姆牽手的人，是獨一無二的夏天，和他們在一起的他或她，也是宇宙裡唯一的存在。

關係裡頭出現的疑問，只有對方的答案是答案，其他人給的答案，或許能給你同理與安慰，但它無法取代對方的態度，也無法解決你與對方之間的問題。因此，不論別人怎麼說，湯姆都無法期待夏天用別人的想法，來面對他們的關係。

湯姆把自己對愛情的想像全投射在夏天身上，夏天成了他夢中情

人的載體，但那其實不是真實的夏天，而這也常是我們在分手後的覺察：原來對方跟我想的不一樣。

我覺得這就是分手會讓人們「登大人」（台語）的地方，因為它打破了過去我們太多自以為是的想像，鬆動我們對事物的既定認知，但也給了我們調整與成長的機會。

分手之所以痛，因為那不只是與對方分離的痛苦，裡頭還有對自己曾有信念的天崩地裂，那是自己過去一磚一瓦搭建起一棟又一棟的高樓，你以為它堅固安全，如今卻在眼前，接連倒下，成了一片廢墟，這無疑是世界末日的場景，在你內心裡發生。

原本屬於自己身上的一部分消失了，那感覺如切膚之痛。但有時，我也會跟個案說起另個比喻，來與這幅失落圖像對話。

「一直以來，我們以為自己就像這張桌子桌面的大小一樣，我們都很了解自己，但這次卻讓我們經驗到一個陌生的自己，原來我會這麼難過、原來有些事我難以理解，而這好像也在說，原來我不只這張桌面這麼大而已，我還有些過去的自己也不了解的地方，之前這些都在桌面之外，但現在它們被納了進來，成了我的一部分，現在我的桌面更大了，我其實比我原以為得更大。」

說來有點弔詭，**在你能接納自己「失去」的時候，「失去」就不是自我的減損，「失去」反而成了另一種擁有。**

湯姆曾說是浪漫電影與流行情歌害了他，讓他對愛情存著美麗幻想。電影與情歌是建構他愛情信念的素材、是他編織愛情的基礎工法。而夏天的離開，讓他有機會檢視這編織工法，**檢視自我愛情觀的形塑歷程，這就是與自我生命對話的過程**，讓湯姆的目光從夏天轉回到了自己身上，他不再去探問夏天的決定，而是用更後設與開放的態度，去覺察自己在這關係裡的模樣，去探究自己在這當中所做的每一個選擇。

或許，他永遠都不會明白夏天的真心，但他可以做的，是好好了解自己。

經過這場敘說，湯姆做了改變，他離開替人表達情意的卡片公司，嘗試起自己熱愛但從未真正踏入的建築設計，這也是一種更貼近自我的象徵吧！而愛情對他來說，也不再只是從電影與音樂中獲取的第二手經驗，這場親身投入的夏日之戀，更是他的第一手田野調查，現在的他，是更大的自己了。

五百天後，湯姆終於有機會脫離這場夏日風暴，他遇到了另個女孩，當湯姆問起她的名字，電影很故意，「秋天（autumn）」她回答，接著畫面打出「Day 1」，電影結束，留給我們無限想像，究竟他是重蹈覆轍，再次踏入難以跳脫的愛情泥沼？還是這是他人生向前走的象徵？我衷心盼望是後者呀！。

「拾起你破碎的心，把它化為藝術。」（Take your broken heart, make it into art.）美國知名演員梅莉史翠普，在領取金球獎終生

成就獎時的得獎致詞上這麼說。

我們未必都能成為亨利米勒，能將失戀化成文字，也不是梅莉史翠普，能把心碎變成動人的表演，但**對於痛苦，我們都需要表達，需要找到屬於我們的轉化與昇華。**

湯姆做的是好好道盡關係裡的春夏秋冬，這是他往人生下個季節前進的方法。雖然電影帶給湯姆對於愛情的毒害，但《戀夏 500 日》給我們一點解藥，它透過敘說的力量，陪伴我們拾起自己破碎的心，一步一步，一片一片拼回名為「自己」的模樣。

影癒心事
他的電影，你的愛情
心理師陪你走過關係四部曲

作　　者／黃柏威
主　　編／林巧涵
責任企劃／許文薰
美術設計／白馥萌
版面構成／白馥萌
內頁排版／唯翔工作室

第五編輯部總監／梁芳春
董事長／趙政岷
出版者／時報文化出版企業股份有限公司
108019 台北市和平西路三段 240 號 7 樓
發行專線／（02）2306-6842
讀者服務專線／0800-231-705、（02）2304-7103
讀者服務傳真／（02）2304-6858
郵撥／1934-4724 時報文化出版公司
信箱／10899 台北華江橋郵局第 99 信箱
時報悅讀網／www.readingtimes.com.tw
電子郵件信箱／books@readingtimes.com.tw
法律顧問／理律法律事務所　陳長文律師、李念祖律師
印刷／勁達印刷有限公司
初版一刷／2020 年 1 月 10 日
初版四刷／2023 年 8 月 23 日
定價／新台幣 280 元

時報文化出版公司成立於一九七五年，並於一九九九年股票上櫃公開發行，
於二〇〇八年脫離中時集團非屬旺中，以「尊重智慧與創意的文化事業」為信念。

影癒心事：他的電影，你的愛情，心理師陪你走過關係四部曲
黃柏威作. -- 初版. -- 臺北市：時報文化, 2020.01
ISBN　978-957-13-8062-9(平裝)
1. 自我實現　2. 自我肯定　3. 影評
177.2　108021562